Kleine Krautologie, 2

Originalausgabe, Hamburg 2021

Gestaltung: Vandam, Berlin;
Herstellung: BoD, Norderstedt
Vertrieb: libri, Hamburg;
Kontakt: info@nachttischbuch.de

Printed in Germany

Bibliografische Informationen

Die Deutsche Bibliothek verzeichnet diese Publikation in der Deutschen Nationalbibliografie.
Detaillierte bibliografische Daten sind im Internet über http://dnb.ddb.de abrufbar.
Bibliographic information published by Deutsche Bibliothek.
Die Deutsche Bibliothek lists this publication in the Deutsche Nationalbibliografie.
Detailed bibliographic data are available at http://dnb.ddb.de.

ISBN: 978-3-937550-33-6

Rainer Jogschies

Guttenberg
goes Purple

„Zapfenstreich"
des Bundesverteidigungsministers am 11. März 2011
und andere Vereinnahmungen der „Pop-Geschichte"

“Ich steig in einen Autobus/
häng´ mich an einen Haltegriff.
Die Leute blättern in der Zeitung/
und niemand zieht den Hut.
Ich habe keine Wehrmacht mehr.
Ich bin zu nichts mehr zu gebrauchen.
Ich häng´ an meinem Haltegriff/
und niemand zieht den Hut.
Ich häng´ an meinem Haltegriff/
und fühle mich nicht gut

Wie ein Pawlowscher Hund/
im Potemkinschen Dorf.
Eine schwangere Türkin/
am Cottbusser Tor.
Wie ein deutscher Soldat/
in einem Gospelchor.

Ich bin ein Elvis-Imitator/
auf dem Wege zu sich selbst.”

Foyer Des Arts:
Ein Elvis-Imitator auf dem Weg zu sich selbst,
16. Juni 1986

Feuer

Schwarzer Rauch hing über dem Genfer See. Der Himmel aber ward rot von Feuer. Das Konzerthaus beim Casino in Montreux brannte nieder.

Rien ne va plus, an jenem 4. Dezember 1971.

Kein Spiel ging mehr. Von diesem Ausblick waren die Musiker von *Deep Purple* schockiert.

In einem Nebengebäude hatten sie am Tag einige Aufnahmen für die nächste, ihre sechste Langspielplatte (LP) gemacht.

Am Abend wollten sie Frank Zappa und seine *Mothers of Invention* hören.

Ihn, den legendären „Underground-Künstler“ aus den USA, wie ihn etliche Feuilletonisten in Deutschland kategorisierten. Und ihn damit als eine Art Geheimtipp abtaten.

Zumal er halt „Kunst machte“. Deshalb wohl verkaufte er nicht genug für „die Massen“.

In Großbritannien, der Heimat von *Deep Purple,* war er kaum „populärer“. Nur kannten ihn dort zumindest Viele, zumal Musiker unter sich.

Ihn nun endlich zu erleben, noch dazu beim zweifelsfrei renommierten „Internationalen Jazzfestival“ in der Schweiz. Und dann noch dort mit einer Prise „Underground“ aus den USA – das war was! Nur was? Wirklich Kunst?
Denn wer ging da schon hin?
Wer, der nicht mit solch exaltierter Musik wie Jazz aufgewachsen war, die seinerzeit in Deutschland allenfalls in wenigen Rundfunk-Nachtprogrammen mit Les McCann, Ella Fitzgerald, Count Basie, Charles Lloyd oder Keith Jarrett zu hören war.
Wer?
Auf dem Schulhof, beispielsweise in Harburg, aber durchaus auch bei Lüneburg, wurden damals vielmehr lauter geheimnisvolle Namen geflüstert wie Big Bill Broonzy, John Lee Hooker, Chuck Berry, Howlin´ Wolf, Muddy Waters oder Elvis „the Pelvis“ Presley. Wer?
Man musste nur genau hinhören. Dazu musste das „Magische Auge“ die Außerhiesigen am frühen Abend auf knarzenden Soldatensendern der Alliierten fixieren, auf Langwelle oft ein Empfang wie aus dem Weltall.
Dann blieben sie allerdings für lange Zeit im Ohr, auch wenn die Röhren längst erkaltet waren.
Lange Jahre. So lange bis Alexis Korner, der seinerzeit so genannte „Vater des weißen Blues“ zu hören war. Bis die hässlichen Underdogs von *Canned Heat* mit John Lee Hooker jammten. Bis der näselnde Brite John Mayall aus dem Laurel Canyon, wo Frank Zappa, Joni Mitchell und all die anderen Geheimnisvollen ein abgeschiedenes „Zuhause“ gefunden hatten, auf Deutschland zuflossen.
Sie klangen wie Außerweltliche weit, weit jenseits von Harburg und Lüneburg.
Von Bielefeld ganz zu schweigen, wo sich der Professor Dieter Baacke nicht mehr nur mit Pädagogik, sondern auch „Medien“ und „Pop“ befasste. Das war in der akademischen Gemeinde noch „Neuland“, wie man heutzutage sagt, sobald etwas Jahrzehnte alt ist. Im Alltag der Bundesrepublik war beides kein Thema.

Wer pilgerte also nach Montreux, der normalerweise daheim nur Kurzwelle empfing? Oder ausnahmsweise (und womöglich heimlich wie das Abhören des ehemaligen „Feindsenders“, auch die BBC. Wer reiste schon nach Montreux? Wozu denn bloß?
Wer, der nicht erst das Glücks-Spiel brauchte, um schon gewonnen zu haben?

An jenem Tag kam alles irgendwie anders als von Reisenden zwischen den Senderband-Angaben und magischen Orten gewünscht, geplant und vorbereitet.
Das Konzert geriet ungewollt zur Katastrophe. Das Sound-Equipment für den Auftritt der *Mothers of Invention* verkohlte.
Rauch hing überm See. Die von den *Rolling Stones* den *Deep Purple* ausgeliehene, mobile Studioanlage konnte hingegen gerade noch gerettet werden.
Also alles nur halb so schlimm?
Eine ausgerechnet in Deutschland „im Volksmund“ oft geplapperte, aber angeblich internationale „Branchen-Regel“ lautet: „The Show must go on“. Wenn hier ein Showman – nur mal beispielsweise – inmitten der Trümmer Europas im „Sportpalast“ rief „Wollt Ihr den totalen Krieg!“, brach Jubel aus. Nicht überall. Noch war ja nicht alles Asche.
Noch wusste niemand, am wenigsten die Beteiligten, dass solch tumber Mythos auch für Geschehnisse in der Schweiz weiterhin Gültigkeit in Deutschland haben könnte.
Die folgenden Sessions der *Deep Purple* wurden nach dem Casino-Brand jedenfalls zu einem Glücks-Spiel. Ausgerechnet die teilweise in der Lobby (sowie im Salon des ehemaligen „Montreux Grand Hotel“) entstandenen Tonbänder gerieten trotz (oder wegen) der Umstände zum größten wirtschaftlichen Erfolg der britischen Band.
Die Bank gewinnt.
Der in den folgenden Tagen nach dem Brand rasch dazu geschriebene Song „Smoke on the Water“ wurde zum Opener des Albums, allerdings nicht zu dessen Titel.

Erst ein Vierteljahr später, am 25. März 1972, erschien „Machine Head“. So der nicht sehr markante Name, den heute kaum noch jemand erinnert.

Der Band *Deep Purple* war also offenbar gar nicht bewusst, dass ihr Album-Aufmacher mehr erzählte als nur die dramatischen Ereignisse dieser Produktion.
Das Intro im Song war eher so angelegt, als wollten sie lediglich mal die Band vorstellen – noch mal. In der Zukunft war er gut geeignet als die übliche „Zugabe“ bei Auftritten.
Für dann, wenn man fast schon von der Bühne gegangen ist: Erst spielt die Gitarre allein zweimal ein wuchtig verstärktes, ansonsten dürres Riff. Die Orgel setzt beim dritten Durchgang mit denselben Akkorden ein, als müsste der Bandrest erst noch das Bier in der Garderobe austrinken. Und der ebenfalls dazustoßende Drummer zischelt zum flirrenden Orgelklang plötzlich Sechzehntelschläge auf die Hit-Hat.
Erst bei der vierten Motiv-Wiederholung schlägt er trocken die Snare: auf die Zwei und die Vier des Viervierteltaktes. Beim fünften Mal tritt er zur Unterstreichung die satte Bass-Drum und der nun bereite Bassist setzt scheinbar holpernd, weil gegentaktig mit Achtelnoten ein.
Die Band ist nun fast komplett. Alles am Platz, bis auf den Sänger, der erst beim nächsten Durchgang anhebt. Im Ton ein wenig gequetscht pathetisch, eher wie unverstanden, ja fast beleidigt:

> “We all came out to Montreux/
> on the Lake Geneva shoreline/
> to make records with a mobile./
> We didn’t have much time.
> Frank Zappa and the Mothers/
> we re at the best place around.
> But some stupid with a flare gun/
> burned the place to the ground.
> Smoke on the Water,/ fire in the sky.”

So weit die schlichte und doch recht raffinierte Gangart, so unschön die Ereignisse am See in der Purple-Sicht.

Und so unpräzise leider der Text. Weder war dies eine genaue Beschreibung der Umstände:

„some stupid with a flare gun burned the place to the ground".

Noch wurde das Geschehen von *Deep Purple* irgendwie gedeutet: Das sei wohl ein Eifersüchtiger gewesen, wurde späterhin geklatscht.

Der glaubte wohl, seine Angebetete an Frank Zappa zu verlieren.

Dabei war die Sache jedoch weitaus ernster. Ein Angriff aus dem eigenen Publikum war das Gegenteil dessen, was gemeinhin der „Pop-Musik" in den Sechzigerjahren von Be- und Entgeisterten, Pädagogen, Psychologen und sonstigen Schlaflosen angedichtet wurde: enge „Gemeinschaft" zu stiften, eigene Haltungen zu haben wie beispielsweise zur „freien Liebe".

Dies drückten einige der seinerzeit populärsten Bands in Text und Musik aus, mehr oder weniger. Die Fans gingen im Tanz zumindest körperlich mit. Alles selbständig, „autonom", selbstgenügsam und in Frieden: „Peace!" Spätestens seit dem 15. August 1969, als das „Woodstock"-Festival in Bethel mit geschätzt vierhunderttausend Fans begann, waren dies die lockenden Leitmotive.

Am 13. September 1969, einen Monat nach dem durch Publikumsansturm ausgeuferten Konzert, veröffentlichte Joni Mitchell fernab, vom Laurel Canyon aus, eine Hymne auf dies angebliche Fest der Liebe:

„[Verse 1:] I came upon a child of God,/
he was walking along the road.
And I asked him:/ ‚Where are you going?'
And this he told me:/
‚I'm going on down to Yasgur's Farm./
I'm gonna join/ in a rock and roll band
I'm gonna camp out/ on the land,/
I'm gonna get/ my soul free.
[Chorus:] We are stardust/
We are golden/

And we‘ve got to get ourselves/ back to the garden! [...]
And I dreamed/ I saw the bombers
Riding shotgun/ in the sky./
And they were turning/ into butterflies
above our nation.“

Joni Mitchell war zwar gar nicht dabei gewesen. Es ging ihr daher auch nicht um eine gewonnene Wahrheit, sondern um eine naive Betrachtung der Zukunft, die sie durch alliterierende Kontrastierungen (bombers – butterfly) und Selbstversicherung sowie gefällige Symbole zeichnete.

Schön schlicht war dieser Traum: Kinder Gottes mußten das gelobte Land nicht mehr finden, nur „Yasgur´s Farm“, wo das Festival improvisiert ward. Sie brauchten bloß einer „Rock ´n´ Roll“-Band beizutreten und waren damit schon auf dem weiteren Weg „back to the garden“.

Das Paradies schien durch einen Weg zurück zu Farm und Glück erreichbar.

Zwei Jahre später bröckelte jene Vision nun, am paradiesisch gelegenen Genfer See, offenbar dramatisch. Da mußte nicht erst der Angriff auf Frank Zappa von *Deep Purple* vor rauchenden Ruinen musikalisch ausgemalt werden.

Nur der Kontrast war in diesem Song markanter. „Woodstock“ war nicht „Lake Geneva shoreline“. Dort benahm man sich ein wenig feiner als bei Bethel. Das „Selbst“ war weit weniger entblößt. Dort gaben sich sogar *Deep Purple* „bürgerlich“ und emsig „We didn´t have much time.“). Was „Freaks“, „Gammler“ und „Rumhänger“ strikt ablehnten.

So weit die schlichte Welt-Sicht beider Seiten, so unschön die einschneidenden Ereignisse am See, als einige Klischees in Rauch aufgingen und absoffen.

Wer sollte da denn noch wie und wo über solch grundlegende, gesellschaftliche Fragen wie „Frieden“, „Freiheit“, Sex und Liebe in spießigen Zeiten und bürgerlicher Gesellschaft künftig „reden“?

Einer wie Frank Zappa? Einer, der stets „politisierte“, wie seinerzeit bei Plattenvorstellungen oft naserümpfend mitgegeben wurde.

Reden? „Reden" und „Rock"? Ein Dialog? Mit wem bloß? Passte das denn zu „Pop-Musik"? Von außen war sie gemeinhin über Look, Posing und Provokationen mehr ver- als erklärt worden, ob im Feuilleton oder Fachzeitschriften. Wenn überhaupt.

Und im Deutschland Anfang der Siebzigerjahre schon gar nicht. Hier filetierte die auflagestarke „Jugend-Zeitschrift" namens „Bravo" zu der Zeit die Idole in „Starschnitten". Und das einstige Jazz-Blatt „Sounds" öffnete sich gerade erst den neuesten, „rockigen" oder „psychedelischen" Tönen.
Die hausbackene Fernsehprogramm-Zeitschrift „für die ganze Familie", „Hör zu", hatte als Zugeständnis an „die Jugend" sogar schon mal das Album „*Deep Purple* in Rock" promotet. Aber dieser versuchte Imagetransfer zur Erschließung einer neuen „Zielgruppe" misslang, weil jene gleichwohl die redaktionelle Spießigkeit des Blattes ertragen können sollte.
Zurückgezogen vom Publikum, in mondäner Umgebung, ausgerüstet mit *Stones*-Gerätschaft und offenbar ausgerechnet in der schläfrigen Schweiz auf der Suche nach anderen musikalischen Wegen als ihrer bis dahin bereits erfolgreichen, verpoppten „Rock-Klassik", erwähnten *Deep Purple* den magischen Frank Zappa: den sie doch so gern sehen wollten, jedenfalls nur beiläufig.
Weshalb wollten sie denn dabei sein, als er auftrat?
Mit welcher Musik oder welchen Texten er zu jener Zeit auf der Bühne stand, wurde in „Smoke on the Water" gar nicht mitgeteilt. Seine Musik konnte also nicht der Anreiz gewesen sein. Allein die Anrufung seiner *Mothers* reichte irgendwie schon. Aber was war dabei das Signal?
Was hatten denn diese Mütter zuvor gesungen, das solchen Eindruck auf „junge Wilde" und mutmaßlich „harte Jungs" wie *Deep Purple* machte?

Dabei hätten die *Rolling Stones* außer Equipment auch inhaltlich etwas zu dem eingängig runtergespielten Drama-Szenario in „Smoke on the Water“ beizusteuern gehabt. Nur vier Monate nach dem ambitionierten „Woodstock Music & Art Fair presents: An Aquarian Exposition – 3 Days of Peace & Music“ in Bethel, am 6. Dezember 1969, traten „die *Stones*“, die jenes Ereignis verpasst hatten, im „Altamont Speedway“ bei Livermore auf. Direkt vor der Bühne erstach ein als Ordner eingesetzter *Hells Angel* einen Fan. Jener habe eine Schusswaffe gezogen, hieß es von Seiten der Security. Auf wen wollte er schießen?
Mehrfach mitten in Songs hatte Mick Jagger zuvor von der Bühne aus versucht, einige Schlägereien vor seinen Augen zu schlichten. Die Band setzte das Spiel sogar kurz aus.
Dann, gerade als sie ihren beliebten Hit „Under my thumb“ aus 1966 spielten, wurde das Messer unter der Kutte hervorgeholt:

> “It´s down to me,/ oh that what I said./
> The way she talks/ when she´s spoken to/
> down to me,/ the change has come./
> She´s under my thumb./
> Say, it´s alright.“

Besangen die *Stones* da „Gefühle“? War dies die beschworene „Gewaltlosigkeit“ und gar die gefeierte „freie“ Liebe? Was für eine „Liebe“? Wenn eine Frau erst „unterm Daumen“ stand?
Und das war „alright“ in der Fan-Szene? War das der „change“ – weg von der verachteten Spießergesellschaft?
Wie viel davon war die „Gegen-Kultur“, wie deutsche Soziologen den angeblichen Wertewandel zu „offenen Beziehungen“, geschlechtlicher Gleichberechtigung und freudvoller Partnerschaft seierzeit bezeichneten?
Und wie geriet irgendein ein Eifersüchtiger in das Drama um den Auftritt in Genf?
Was war noch Mythos, was schon Ideologie oder gar eine Verkaufsmasche?

Es war, im Dezember 1971, nichts gesagt und damit zu viel: Der Songtext zu „Smoke on the Water“, der weder die Fan-Attacke auf Zappa benannte, noch an das Gewalterlebnis der *Stones* erinnerte, ähnelte also eher dem platten „Gefühls“-Ausdruck, wie er heutzutage mit „Selfies“ statt der Signalpistole „geschossen“ wird: Ein Konzert-Publikum dreht inzwischen lieber der Bühne den Rücken zu und filmt oder knipst sich selbst – mit den „live“ Auftretenden bloß noch im Hintergrund.

Diese „Selbst“-Inszenierung hat dann weder die Musik, noch deren Texte als Botschaft. Allenfalls der grinsende Vordergrund ist für den Auslösenden (und vielleicht dessen Bekannte) noch erkennbar, egal was drumherum und danach passiert. Es spielt keine Rolle.

Ansonsten ist, falls der Video-Modus aktiviert wurde, Geräusch zu hören und der mit jenem Mono-Klang gemischte Hinweis des Bildes, der allein die tausendfach versendete „Authentizität“ zu bestätigen scheint: Wir waren da! Es war viel los. Keiner hat uns bemerkt. Aber nun zeigen wir es aller Welt: Wir waren dabei! Alles abgebrannt. Schade auch.

> “We all came out to Montreux/
> on the Lake Geneva shoreline/
> to make records with a mobile/
> We didn’t have much time.”

Hatten auch *Deep Purple* eher weg- als hingesehen, als sie den Konflikt zwischen der Popularität eines Stars wie Frank Zappa und Projektionen der Fans von „wilder“ Rockmusik textlich so auf einen einzigen, irgendwie Durchgeknallten („some stupid“) verkürzten? Zeit genug zu erzählen, wäre bei 5 Minuten 42 Sekunden auf der LP-Version und 3:54 auf der Single gewesen.

Es lag sogar in der kurzen „Geschichte des Pops“ nahe, mehr dazu zu sagen. Auch wenn es sogar noch ein Weilchen länger her war als das *Stones*-Trauma: Fünf Jahre bevor Frank Zappa in Genf aus dem Publikum attackiert wurde, hatte jener sich schon über die teilweise Tumbheit jugendlicher Konzertbesucher und Popfans echauffiert. Wenn *Deep Purple* ihn unbedingt hören wollten, kannten sie gewiss den Titel „You're probably wondering why I'm here" auf seinem ersten, sogleich legendären Album, „Freak out!", das andere Pop-Zeitgenossen immer wieder als Inspiration nannten:

"You paint your face and then you chase/
To meet the gang where the action is./
Stomp all night/
and drink your fizz."

Anders als bestimmte Eltern, die Zappa ein Jahr später zu Beginn seiner zweiten LP, „Absolutely free" (1967), als „Plastic People" angriff, machten seinerzeit sogar manche jener weißen US-Kids solch einen Song „populär", die damit gemeint waren.

Für Frank Zappa bedeutete dies vermeintliche Einverständnis mit seinen Texten nicht, dass deren Anhänger dadurch schon „anders" waren oder es besser machen würden als die lebend plastinierten Alten:

"Three nights and days I walk the streets./
This town is full of plastic creeps./
Their shoes are brown to match their suits./
They got no balls, they got no roots."

Nach den Indochina-Kriegen gegen Vietnam, Laos und Kambodscha zählte Frank Zappa sie sogar mit zu jenen, die mit ihrem Mittelklasse-Lebensstil und ihrer Gedankenlosigkeit statt der US-Army und des „Peace Corps" die Welt weiter terrorisierten und zerstörten. Mit „friedlichen" Mitteln. Ohne darüber nachzudenken.

Die Fronten drehten sich.

Fackeln

Was aber sagte es dem Publikum in Berlin, dass vierzig Jahre nach dem Song-Schnappschuss vom Genfer See der bis dahin amtierende Verteidigungsminister der Bundesrepublik Deutschland zu seinem Abschied vom Amt am 11. März 2011 ausgerechnet „Smoke on the Water“ als „seinen“ Abgesang wählte?
War ihm das pop-geschichtliche Spannungsverhältnis zwischen Bands und Musikern und Publikum als Bezugspunkt bekannt, das sich in jenem Song kristallisierte? Wurde hier mit seinem „Pop-Zitat“ indirekt ein Statement abgegeben? Beispielsweise zum Verhältnis des Politikers abseits der Bühne des Parlaments? Oder verspätet als Zeichen an Wähler: auch ich, der Minister, höre populäre Musik.
Zumindest kannte bis dahin kaum jemand Karl-Theodor Maria Nikolaus Johann Jacob Philipp Franz Joseph Sylvester Buhl-Freiherr von und zu Guttenberg (CSU) auf der internationalen Pop-Bühne, zumindest nicht so wie *Deep Purple*. Who? Guttenberg?

Allenfalls war er zu neun, teils saloppen Gastauftritten in Kundus weltweit im TV und Magazinen zu sehen gewesen, mit seiner jungen Frau Stephanie an seiner Seite. Im romantisierenden Gegenlicht zumal und casual as possible, wie für die Werbung geschossen.

Den Grafen kannte gemeinhin nur, wer meinte, ihn kennen zu müssen. In Bayern oder Berlin. Oder im „Politbarometer" des ZDF oder dem „Deutschlandtrend" der ARD, wo „Deutschland" stets nach dem politischen Superstar der jeweiligen Sender sucht. In der von Journalisten ausgerufenen „Medien-Demokratie" des „neuen" Jahrtausends sah sich niemand mehr mit magischen Augen in der „Welt" und ihren engen Grenzen um.
Hier, in Deutschland, war er sogar an seinem Karriere-Ende noch eine zeitlang der populärste Politiker gewesen. Und einflussreiche Medien wie die „Bild"-Zeitung hatten ihn ohnehin seit langem wie einen „Pop-Star" präsentiert.
Ausgerechnet bei seiner Verabschiedung waren daher die Medienerwartungen anscheinend noch einmal „groß", wie sich Berichtende gern selber Mut zusprachen: Angesichts der ungewohnten Songauswahl! „Da muss man als Musikliebhaber erstmal tief durchatmen", resümierte die „Süddeutsche Zeitung" – atemlos vor dieser Nacht.
Sonst gab es bei einem solchen Abgang naturgemäß nichts mehr „Neues" zu vermelden. Ein Abschied war ein Abschied. Oder? War das eine Frage?

Warum machte der Mann das also? „Hard-Rock" ausgerechnet vor Stahlhelmen. Wegen der „News", die es für ihn nun nicht mehr so ohne Weiteres gab? Was würde daran „neu" sein?
Der ehemalige Minister: Würde er tanzen? Begänne sein Kopf zu schütteln im Rhythmus des Rockstückes?
Das „Heeresmusikcorps" der Bundeswehr spielte nun den *Purple*-Titel „für ihn" nach, mit militärischem Rumms und sogar live übertragen.

Von immerhin vier deutschen, nationalen Fernsehsendern. Das war was! Nur was? Denn wer ging da schon selber hin? Wer, der nicht irgendwie eine Verpflichtung verspürte, trotz solch entnervender Musikauswahl jemanden ausnahmsweise mit seinem Wunschständchen loszuwerden oder so bizarr zu „ehren" mit kräftigem Durchatmen?
Wer, der nicht erst das Demokratie-Spiel brauchte, um schon gewonnen zu haben.

So kam alles irgendwie anders als von vielen gewünscht, geplant und vorbereitet.
Es gab noch eine weitere Wahl als nur die des Musikstücks von *Deep Purple*. Sie war inhaltlich entscheidender, obwohl sie in der Berichterstattung kaum beachtet wurde: Die Bühne als Bezugsrahmen für das Spektakel konnotierte von vornherein „Geschichte", anders als die des Angreifers im Casino-Gebäude bei Genf: Der „Bendlerblock" – vormals Sitz des Allgemeinen Heeresamtes und des Befehlshabers des Ersatzheeres im Oberkommando des Heeres (OKH), in dem auch Claus Schenk Graf von Stauffenberg und andere bis zu ihrem Attentatsversuch auf Hitler für den Angriffskrieg des Deutschen Reichs ergeben arbeiteten, wurde in der Bundesrepublik in eine „Gedenkstätte deutscher Widerstand" umgewidmet. Wenn schon keine deutsche Geschichte gemacht worden war, wurde sie im Nachhinein für die Nation umgeschrieben, so wie es gerade gefälliger war – bis hin zum „Fliegenschiss", den der AfD-Bundestagsfraktionsvorsitzende Alexander Gauland in der massenmordenden, rassistischen NS-Zeit gerade noch in seiner speziellen Insekten-Optik erkannte.
In „jüngerer" Zeit dient der ehemalige Kasernenkomplex zudem der „Ehrung" in Afghanistan „gefallener" deutscher Soldaten. Grab allein reicht nicht. Es ist eine verdoppelte Musealisierung, die zudem völlig konträre Inhalte und „Ehrungen" unter ein gepflegtes Dach bringt. Aus dem Kasernenhof wurde so ein Nichtnachdenkmal. Und dann dort noch „Smoke on the Water"...

Als musikalisches Vorspiel wurden in diesem ambivalenten Ambiente auf des Ministers Geheiß erst die Märsche „Großer Kurfürst" und „König Ludwig II" angestimmt. Danach, gewissermaßen als freundlicher Rauswerfer für die vierhundertfünfzig „Ehren"-Gäste aus der bundesdeutschen „Politik", die „deutsche" Nationalhymne.[1]

Von dieser Songabfolge an diesem nieseligen Abend ganz abgesehen, war der martialische Aufmarsch mit Helmen und Fackeln vor dem „Bendlerblock", nicht gerade das gewohnte musikalische Umfeld einer „altgedienten Truppe", wie in Deutschland gern jovial gesagt wurde: Die legendären „Begründer" des „Hard-Rock", wie *Deep Purple* inzwischen in Deutschland – geradezu enzyklopädisch wie verquast nostalgisch – katalogisiert wurden, coverten sich seit Jahrzehnten sowieso nur noch selbst. Warum dann dazu erst eine im „Hard Rock" ungeübte Militärformation bemühen?
Deep Purple, vielmehr die Reste der Band, traten notfalls sogar vor Matschseen beim Kuhdorf Wacken auf, während vor der Bühne „Luftgitarristen" das Riff von „Smoke on the Water" fuchtelten.
Dort spielte die Freiwillige Feuerwehr des Ortes einen kleinen Zapfenstreich zur Eröffnung des Festivals jener verspäteten „Schmuddelkinder", die sich gern im norddeutschen Matsch suhlten – so hatte der „Liedermacher" Franz Josef Degenhardt 1965 die geächteten, aber glücklich spielenden „Unterschichtskinder" bezeichnet.
Ansonsten alles friedlich, keine Signalpistolen. Nur energisches Kopfschütteln bei jedem Song.
Und Bierplörre bis zum Koma.

---

1 Den öffentlichen Wettbewerb um die 1945 von den Alliierten verbotene Hymne „Deutschland, Deutschland über alles" schilderte Ulrich Enzensberger Anfang der Achtzigerjahre. Da waren in Deutschland die rauchenden Trümmer zwar gerade erst vergessen – aber das Land bereitete sich mit Bunkern, „Mittelstreckenraketen" und „Nachrüstungsbeschluss" auf den nächsten, wirklich „totalen" Krieg vor. Vgl. Ulrich Enzensberger: Auferstanden über alles. Fünf Erhebungen, Berlin 1986

War bei solcher, allerdings ironie-freien Selbst-Musealisierung der frühen „Classic-Rocker“,[2] wie sie schon nach ihren ersten Alben wegen der ausufernden Zitate „ernster“ Musik auch etikettiert worden waren, eine späte Aufnahme in das gängige Noten-Repertoire für künftige Staatsakte in Deutschland nur folgerichtig?
Kam da die „Unterhaltung“, als die deutsche Kulturpolitiker „Popmusik“ über Jahrzehnte eingetütet hatten, zur Marschmusik? Eine Aussöhnung der Generationen, endlich, zumindest musikalisch? Die ewigen Mit-Marschierer endlich gemeinsam mit den gescholtenen „Hottentotten-Musik“-Fans?
Oder „musealisierte“ sich da bloß ein „junger“ Minister zu seiner Amts-Zeit auf die letzten Minuten gerade noch selber, eben nach dem Vorbild alternder Rockmusiker?
Next Stop Wacken?

Gegen den Rat einiger Parteifreunde, doch lieber „still und leise“ zu gehen, entschied sich zu Guttenberg bewusst zunächst für die kontrastierende Kulisse einer „Gedenkstätte“ und das protzende Ritual des „Zapfenstreichs“. Der gehörte allerdings zur feudalen Herkunft zu Guttenbergs und zur nationalen, deutschen Geschichte: Der „Zapfenstreich“ wurde von „Landsknechten“ geprägt und „ehrte“ erstmals am 12. Mai 1838 den russischen Zaren Nikolaus. Seither ward diese „Tradition“ aus vor-demokratischen und rechtlosen Kriegszeiten unbeirrt „gepflegt“.[3]

---

2 Ein liebevolles Klischee-Bild einer geradezu „klassischen“ Rockband namens *Strange Fruit* zeichnete am 30. Oktober 1998 die filmische Satire „Still Crazy“. Da versucht eine ehemals erfolgreiche Band, die musikalisch an *Deep Purple* erinnert und in der gefakten Bandgeschichte auch Anleihen bei den *Rolling Stones* und *Pink Floyd* hat, ihr Comeback nach Jahrzehnten der Bühnenabstinenz. Sie leidet übel unter Drogenentzug, Steuerfahndung, Selbstüberschätzung und grassierender Musicalisierung.
3 Im Dritten Reich gab es kleinere Abänderungen für die nichtmilitärische Ehrenbezeugung, nämlich für die allgemeine SS und die Polizeien. Die DDR führte 1962 den „Großen Zapfenstreich“ für die NVA wieder ein.

Dies obwohl die Alliierten nach beiden Weltkriegen jeweils versucht hatten, zumindest den Adel, der solche oft marodierenden Söldnerhaufen rekrutiert und befehligt hatte, von „den Truppen“ des Reichs fernzuhalten.
Der alliierte Befehl, solche Armee – zumindest zeitweise – weitestgehend aufzulösen, scheiterte nach dem Ersten Weltkrieg an den Konservativen und den Nazis, nach dem Zweiten an den Christdemokraten mit den in die Partei umstandslos eingegliederten Nazis.
Am Ende der Sechzigerjahre – nach der erfolgreichen „Wiederaufrüstung“ der Bundesrepublik und der erfolglosen demokratischen „Anti-Wiederbewaffnungsbewegung“ sowie der angeblich folgenreichen „außerparlamentarischen Opposition“– versuchte Wolf Stefan Traugott Graf von Baudissin (ehemals Hauptmann im Afrikakorps, ab 1968 Mitglied der SPD) jahrzehntelang noch – zunächst als Oberst, schließlich (in Abwesenheit immer wieder befördert) als Generalleutnant – die „junge Demokratie“ von innen zu „verteidigen“.
Aber überall saßen noch Herren wie beispielsweise der „Rasse-Gesetze“-Mitautor Hans Globke, ein Handlanger Hitlers und danach bis 1963 Kanzleramtschefs Konrad Adenauers (CDU).
Oder ein ehemaliger „Marine-Richter“, der Reichswehr-„Deserteure“ zum Tode verurteilen ließ, und gleichwohl 1966 noch baden-württembergischer Ministerpräsident wurde, Hans Filbinger (NSDAP, CDU).
Daran änderten die „Achtundsechziger“, der „Konservative“ wie dem Beelzebub noch bis heute einen alles bestimmenden, geradezu verschwörerischen Einfluss andichten, nichts.
The show must go on! Beziehungsweise: Viel Feind, viel Ehr´, wie es in Deutschland oft noch hieß.
Auch die von Graf Baudissin, Johann Adolf Graf von Kielmansegg und Ulrich de Maizière miterdachte „innere Führung“ änderte nichts Wesentliches. Sie traf vor allem auf eine re-aktivierte „Truppe“ mit ihrer unerbittlichen „Traditionspflege“ für „heldenhafte“ Nazi-Generäle und Marschmusik für den fragenlosen Gleichschritt.

War es – über ein halbes Jahrhundert nach diesem zaghaften „Reform"-Bemühen – somit endlich ein Zeichen für die Bereitschaft zur Selbstkritik eines „konservativen" Politikers, einen Pop-Song gewissermaßen als späten Signalschuss der „Gegen-Kultur" einzubauen, als Purple-Knaller neben all dem gewohnten Lametta?
Über ein halbes Jahrhundert nachdem „Krautrock" im europäischen Ausland Ver- und Bewunderung auslöste? Oder deutete es gar auf eine Demokratisierung hin, einen internationalen Hit mit der nationalen Hymne zu kombinieren?
Immerhin hatte zu Guttenberg 2010 die „Wehrpflicht" sang- und klanglos gestrichen, so als wären nicht über Jahrzehnte junge Bundesbürger, die partout nicht töten wollten, von CDU-Politikern, Staatsanwälten und Feldjägern wie „Deserteure", namentlich als öffentlich angefeindete und aufwändig verfolgte „Kriegsdienstverweigerer" behandelt worden.
Gewiss, in Baden-Württemberg galt inzwischen sogar Xavier Naidoo als „Sohn" Mannheims; der Sohn Filbinger schien vergessen.
Und es gab dort nun sogar eine „Pop-Akademie".
Frieden war das noch nicht, den die Pop-Musik immer wieder zum Mittelpunkt machte. „Gegen-Kultur" war es andererseits auch nicht, wenn der „deutsche" Pop-Musiker Naidoo sich im „neuen" Jahrtausend in öffentlicher Rede oft wie ein „Reichsbürger" äußerte, jene faktische Subkultur, die die Bundesrepublik und die Demokratie rundheraus ablehnte.[4]

Lohnte es sich denn, in mehr oder weniger genauen Rückblick und vergleichenden Gegenüberstellungen von Soldatenzinnober und Songprosa auf die Versäumnisse von Pop-Musikern und einem einzigen Politiker prüfend hinzuweisen, so als ginge es darum, nach einer quellen-ungenauen „Doktorarbeit" nun auch noch dem Fälschungsverdacht einer offenkundigen Promotion-Veranstaltung nachzugehen?

4 Für die „Reichbsürger" hatte Globke an einem eigenen „Gesetz" mitgeschrieben, veröffentlicht am 14. November 1935 – so einer wie Naidoo wäre nicht darunter gefallen.

Es war mehr dran an dem merkwürdigen Auftritt vorm „Bendlerblock". Zwar mochte es sein, dass sowohl der *Purple*-Song als auch die Politikerinszenierung für sich ziemlich unbedeutend waren.
Und doch erzählten sie indirekt viel darüber, was in den Jahrzehnten seit der „Pop-Revolution", so ein Marketing-Etikett am Ende der Sechzigerjahre, mit den Jahrzehnten abhanden gekommen und doch immer wieder gerade deshalb eingesetzt worden war.
In Deutschland jedenfalls wurden die Verwerfungen erst spät bemerkt, wenn überhaupt.
Es machte in der politischen Wirkung, die Pop-Tumbe kalkulierten und gleichwohl zu ignorieren schienen, zumindest pop-kulturell einen unangenehmen Unterschied, ob Donald Trump (konservativer Republikaner) zu „You can´t always get what you want" in Arenen einzog oder Angela Merkel (CDU) zu „Angie" auf Parteiveranstaltungen in den Saal eierte, beides Titel der *Rolling Stones*.[5]
Fans hatten bis dahin etwas völlig anderes mit den Balladen verbunden und sei es auch nur ein Seufzen angesichts der Ballade von der Crack-Nutte „Angie", so eine Interpretation des wirren Schmalz-Songs.
Deshalb war es hier wichtig an einem Beispiel genauer bis genauestens hinzusehen, woran man denn erinnert werden will, ob im Alltag oder bei einem Staatsakt wie dem „Zapfenstreich".
Oder schlicht mal aus einem nicht alltäglichen Anlass nachzudenken und nachzufühlen, woran man sich selber noch erinnern kann, außer an Songfragmente oder bloß Refrains.

5 Gegen diese beiden Soundtracks wehrt sich das Management der *Rolling Stones* seit langem juristisch ohne Erfolg. Es scheint die Auftretenden nicht aus dem Tritt zu bringen. Kein Fettnäpfchen ist für Selbstverliebte zu klein.

Staub

Wer die umfängliche Berichterstattung vor und von jenem Guttenberg'schen Abschiedskonzert zu Berlin sah, bekam die gerade skizzierten gesellschaftlichen Zeitpunkte und -bezüge nicht genannt. Eine weitergehende Interpretation, beispielsweise die eines Neuanfangs oder der Vision einer politischen Änderung, fehlte.
Nur diese aber hätten den von zu Guttenberg gewählten Zusammenhang wie eine letzte, halbwegs rationale Entscheidung wirken lassen können. Offenbar stand dies nicht mehr auf der „Agenda" einer „Politikberichterstattung", die sich mit einem „Zapfenstreich" befasste. Das Be- und manchmal das Verschweigen war und ist offenbar konstitutiv für Deutschland.
Also musste der Bürger, der nicht zum „Zapfenstreich" geladen war, mit dem Wenigen umgehen, das als Ritual mit Rock dargeboten und ihm höfisch als Teil des Zeremoniells weitervermittelt wurde.[6]

---

6 Vgl. Rupprecht Mattig: Rock und Pop als Ritual – Über das Erwachsenwerden in der Mediengesellschaft. Bielefeld 2009.

Das war, auch wenn sich jemand alle Sendungen angesehen und alle Berichte gelesen haben sollte, nicht gerade viel: Im seit der Kohl´schen „Wende" 1983 gängigen deutschen Event- und Emotionsfernsehen mit seinen inzwischen nahezu täglichen „Brennpunkten", „Sondersendungen", „Live-Schalten" und „Updates" ging es offenbar sogar bei der schrägsten Zumutung wie dem Tamtam eines „Zapfenstreichs" letztlich nur noch um die leichte „Gänsehaut", selbst bei der so gruseligen Inszenierung deutschen Helm- und Heldentums.
Wozu auch erst politische Inhalte und geschichtliche Rahmungen abwägen, wenn es von Seiten der Veranstalter vorgeblich symbolisch bloß noch um „Ehre" ging?
Deutscher als in einem eingedeutschten Bowie-Song vom 23. September 1977: Dann sind wir Helden für einen Tag?

"Standing, by the wall [...]/
And the guns/ shot above our heads [...]/
And the shame was on/
the other side."

Die „deutsche" Fassung, mit Gänsehaut zu Schmalz übersetzt:

„Die Mauer im Rücken/ so kalt [...]
Schüsse reißen die Luft [...]/
die Scham fiel auf ihre Seite."

Gleichwohl wurde in einigen Beiträgen milde lächelnd ein eigenartiges Spannungsverhältnis angedeutet zwischen stählernem Ritual und stämmigem Rock.
Aus den Texten weniger Kommentatoren stieg, wie schon aus den Zeilen von „*Deep Purple*", viel Nichts um Rauch auf: Die protokollarisch „höchsten militärischen Ehren", wie Kommentatoren vom ihrem gefühlten Feldherrenhügel aus raunten, würden dem Grafen zwar zuteil.
Sein vermeintlicher, bewusster Fauxpas eines Pop-Zitates wurde wie ein leichter Seitenschritt im ansonsten nach wie vor militaristischen Nirwana konnotiert – gerade so wie ein Zitat aus der „Frankfurter Allgemeinen Zeitung" von Doktorvätern in Bayreuth als „Beleg" in seiner Doktorarbeit hingenommen worden war.

Er habe es „noch einmal richtig krachen lassen" wollen, böllerten die „Stuttgarter Nachrichten" zusammenfassend. Er „wollte zum Abschied noch einmal richtig rocken", phantasierte die „Süddeutsche Zeitung" im Gleichschritt.
Noch einmal! Noch einmal richtig!
Oder immer wieder? „Rockte" das Heer plötzlich? Ein „Bruch mit der Tradition"?
Der Verteidigungsminister hatte es in seiner sechzehn-monatigen Amtszeit auch nicht demokratisch „reformiert", sondern lediglich zum Amtsbeginn 2010 eine „Bundeswehr-Reform"[7] angekündigt? Konnte es das Heer mit ihm wenigstens mal wieder „krachen" lassen?

Es war nicht erkennbar, was da eigentlich berichtet wurde. Zumal wenn Zuschauer, Zuhörer oder Leser nicht wussten, was da wie und warum so und nicht anders ausgerichtet worden war. So wie aus dem Text von „Smoke on the Water", selbst wenn man das Umfeld von Montreux und des Jazz-Festivals kannte, kaum erkennbar war, was *Deep Purple* mit ihrem Song konkret gemeint haben könnten...
Und in der Kombination war es noch unverständlicher. War zu Guttenbergs „Musikwunsch" an das Militär, nach Meinung der Berichterstatter, also eher „privat", so eine Art Macke, denn als „politisch" zu verstehen? Alles eine Geschmacksfrage, alles keine Geschichtsfrage?
Ein Staatsakt zwar, aber irgendwie auch Wunschkonzert, mit samt Moderatoren meinungsbildender Medien?
Wenn die Ausrichtung an diesem denkwürdigen Ort schon keine Rolle in der Berichterstattung gespielt hatte, so war für uninformierte Staatsbürger immerhin beachtlich, dass zu Guttenberg nicht im schläfrigen Bonn verabschiedet wurde, dem Dienstsitz seines Ministeriums. Nach dem Zweiten Weltkrieg war die Kleinstadt mit Bedacht der ehemaligen

---

7 Einer der vorangegangenen Verteidigungsminister, Volker Rühe (CDU), sprach 2019 in einem Interview in diesem Zusammenhang sogar von der „Zerstörung der Bundeswehr" durch zu Guttenberg. Fast so beredt wie ein Herr Rezo, der die „Zerstörung der CDU" ansprach.

Reichshauptstadt Berlin als zivilerer Regierungssitz vorgezogen worden.
Auch kein Thema. Mit respektvollem Publizisten-Pfiff benannten gestandene Politik-Kommentatoren stattdessen das Zitat-Stückchen verrauchter (statt verruchter) Popmusik einerseits einordnend und wie zur eigenen Beruhigung immerhin als „Rock-Klassiker".
Kategorien gingen ihnen offensichtlich vor alle Inhalte.

Einige Berichter taten sogar so, als wären Musik und Lyrics von „Smoke on the Water" immer schon ein biographischer Ausdruck eines Lebensgefühls der „Nach-Achtundsechziger"-Generationen gewesen, geradezu wie eine DNA eingepflanzt.
So wie voranmarschierte Generationen wohl genetisch Stiefel-Klänge mehr liebten als Frauen unter ihren Fittichen?
Mit keiner Zeile wurde in den Medienberichten belegt, was an dem Song eben der Stil oder die Inhalte jener willkürlich angenommenen, aber nicht näher benannten „Generation" widerspiegele, schon gar einer erst nach Jahrzehnten brav bis zum Scheitel nachgefolgten.
Gab es denn je eine „Generation *Deep Purple*"?
Der Name Purple stand in ebenso vagen „einschlägigen Kreisen" synonym für die „Designerdroge" LSD.
Was schien zudem in der Andeutung einer Jugendszene darin als ein „politisches" Motiv durch, das kontrastierend zum Popanz die gleichzeitige Rede von einem „Bruch" mit martialischer „Tradition" rechtfertigte?
Oder war es bloß das Brechen mit einer musikalischen „Tradition"?
Die mediale oder vermeintlich politische Konstruktion solcher Erzählung war krude: Sie behauptete indirekt eine ungenannte „Normalität", mit der gebrochen wurde, an der sich eine Identität irgendwie knüpfte, sei es die „gesellschaftliche" oder die „persönliche".

Auch das „private" Motiv geriet in den Berichten aus Berlin immer wieder arg kurz: zu Guttenberg sei zufällig „am Tag nach dem Brand" geboren, wurde beispielsweise in einer Meldung der „Deutschen Presse-Agentur" (dpa) verbreitet.

Das war weder aktuell, noch stimmte es so ganz. Denn es war zwar ein Tag vergangen seit dem Brand bis zu Guttenberg zur Welt kam. Aber der Brandort Montreux und der Geburtsort München lagen so weit auseinander, dass schädigende oder förderliche Wirkungen auf das gerade Neugeborene mehr als halbwegs ausgeschlossen werden konnten.

Was zwischendurch mit dem – erst weit nach der Geburt geschriebenen – Song und dem Spross geheimnisvoll geschah, und wie dies erst vierzig Jahre später zu einem Thema teurer Berichterstatter wurde, ward nur geraunt. Nichts Genaues hatte offenbar niemand recherchiert.

Der ganze Aufzug vorm „Bendlerblock"und dazu „Smoke on the Water" sei womöglich als eine „Parabel" zu verstehen, schrieben beispielsweise die „Stuttgarter Nachrichten", einem dpa-Text nachmarschierend:

> „Der Song ist fast auf den Tag genauso alt wie Guttenberg. Und er erzählt eine Geschichte, die irgendwann einmal als Parabel auf die Karriere des Oberfranken herhalten könnte."

War das so? *Deep Purple* und Oberfranken. Rauch und Karriere. Song und Musikwunsch.

Geschichtchen werden sich irgendwann durch argloses Weitererzählen zu „Geschichte" anverwandeln, solange ein Laienportal wie „Wikipedia" sich als „Enzyklopädie" geriert.[8] Und „Durchhaltewillen" spätestens seit der „Sportpalast"-Rede zu einer hohen Tugend zählte. Man musste nur daran glauben. So wie an das Glück, das Geld und die Karriere. So wie im Bilderbuch.

---

8 Die Eigenwerbung und um Spenden lautete im September 2020 ganz bescheiden wie außerirdisch: „30 Tage im Kosmos von Wikipedia. Blick hinter die Kulissen des größten Wissens-Projekts der Menschheit."
Wozu bloß braucht Wissen denn Kulissen? Und was wird dort hin und her geschoben, damit es wie ein „Kosmos" aussieht?

So wie von Selfies gespiegelt, ob spontan oder inszeniert aufgenommen.
So auch in der – ehemals staatlichen – „Nachrichtenagentur" dpa, hier als gewissermaßen vertextetes „News"-Selfie, mit dem Rücken zum Geschehen, um es vom Vordergrund aus der „eigenen", eiligen Deutung heraus im forcierenden Präsenz zu „schildern":

> „Es geht um die Entstehung des Albums ‚Machine Head', das *Deep Purple* eigentlich im Kasino von Montreux aufnehmen wollten. Am 4. Dezember 1971 – einen Tag vor Guttenbergs Geburt – brach dort während eines Konzerts von Frank Zappa ein Feuer aus, das Gebäude am Genfer See brannte ab, auch die Produktion der Deep-Purple-Scheibe geriet in Gefahr. Die Band wich schließlich ins Grandhotel aus und produzierte dort eins der wichtigsten und erfolgreichsten Alben der Rock-Geschichte."[9]

Auch wenn diese Zeilen wie ein Fluch klangen: dass zu Guttenberg geboren wurde und als Himmelszeichen schon einen Tag zuvor ein Brand „ausbrach" – es war ein Mal ein schönes, irres Märchen.
Mit Journalismus hatte das nichts jedenfalls zu tun, allenfalls mit Kaffeesatzlesen.
Denn man hatte schlicht vergessen zu fragen, worin denn beispielsweise im elterlichen Forst das Fundament jener „Karriere" von zu Guttenberg gelegen hatte, die er dereinst wieder und erfolgreichen fortsetzen würde. Baum für Baum wäre das Erledigte sichtbar geworden, der mythen-beladene deutsche Wald, den Fürsten seit jeher so bewirtschafteten wie die Juristerei oder „die Politik" für „die Menschen".
Was war demgegenüber schon ein Pop-Märchen, das sich der poor boy noch dazu selber ausgesucht hatte, bevor es von anderen poor boys oder alten Männern einer „Parabel" gleich erzählt wurde.

---

9 Michael Fischer: Zapfenstreich. Guttenbergs Abschiedslied (10. März 2011, 19:40 Uhr, https://www.stuttgarter-nachrichten.de/inhalt.zapfenstreich-guttenbergs-abschiedslied.c54e5282-42ac-4021-bd78-afd985a8d78d.html

Doch was war die Moral von der Rockgeschicht´? Was, das die Erzähler nicht aus- oder ansprachen?
Zumal im Angesicht von Gefallenen der NATO-Allianz zur „Verteidigung unserer Demokratie am Hindukusch" und Hingerichteten der NS-Zeit zur Verteidigung der Diktatur in Deutschland.
Wer am Boden ist, wird oben enden? Auch wenn mal das Casino brennt: Mach´ Deine „Scheibe"? Oder: Geh gleich ins „Grandhotel"! Dann kannstu „eins" der „wichtigsten" Alben überhaupt aufnehmen.
Keiner der Hofberichterstatter, die die Erzählung des Grafen aufgriffen, kam offenbar auf den Gedanken zu fragen, was die „Parabel" umgedreht für *Deep Purple* bedeuten mochte: Dass der Bundesverteidigungsminister „Smoke on the Water" bei der angeblich „höchsten" Ehrenbezeugung Deutschlands auf ausdrücklichen Wunsch spielen ließ – wenn auch ohne sie. Gemäß der Erzählung waren sie doch schon ganz oben in der „Rockgeschichte" angekommen? Aber war es für sie eine „höchste" Ehrenbezeugung, für einem Staatsakt einstudiert worden zu sein. Nach ihrem Gefühl war die frische Erinnerung an den Brand vor vierzig Jahre in „Smoke on the Water" wohl eher nicht ihr historischer Hinweis auf einen neuen, musikalischen Weg gewesen.
Im Gegenteil. Am 16. Juli 2011, vier Monate nach zu Guttenbergs „Zapfenstreich", traten *Deep Purple* im Montreux auf, eben dort, wo sie Frank Zappa hatten sehen wollen. Als eine der Zugaben spielten sie „Smoke on the Water". Bei ihnen, die für die „Parabel" deutscher Journalisten herhalten mussten, endeten die Guttenberg-Geschichte und auch die „Pop-Geschichte" ganz anders als von ihm gestreut: Sie spielten den Titel mit süßlicher Orchestrierung.
So klang er auf „Machine Head" jedenfalls nicht. Dort war er rauh, schnörkellos und unprätentiös, was seinerzeit offenbar eine entscheidende Änderung auf dem musikalischen Weg zu einer „neuen" Karriere gewesen sein sollte, so die einvernehmliche Wikipedia-, zu Guttenberg- und Poltikbeobachter-Fama.

Nun, 2011, die Rückverwandlung zum Operettenhaften. Frank Zappa, am 4. Dezember 1993, also drei Tage (und 22 Jahre) nach zu Guttenbergs Geburt gestorben, musste im Grab schwer rotieren,[10] dass sein Name in solchem Schmalzgebäck vom ergrauten Ian Gillan immer noch angerufen wurde.
Ob *Deep Purple* mit solcher Schmusversion 1971 einen „Welterfolg" hätten landen können?
Und was wäre dann aus zu Guttenbergs Abgang 2011 musikalisch geworden? Streicher hätte der blecherne „Zapfenstreich" nicht vertragen.

Man könnte auch darüber nachdenken, ob Politikredakteure denn überhaupt etwas zur „Geschichte" von Bands, zu deren von Fans artig gehegten „Stammbäume", zu all den Stories zu Alben oder außergewöhnlichen Produktionsumständen wissen mussten, geschweige denn, was den Unterschied zwischen „Hard Rock" und „Metal", Bratz- oder Luftgitarre ausmachte. Oft kannten nicht mal „Pop"-Kundige die Feinheiten. Warum also Journalisten? Das mochte ganz und gar nicht ihre „Welt" sein, die ausdrücklich offenbar noch ganz auf „Scheibe" eingestellt war. Aber was war eigentlich deren „Welt"?
Desto mehr verwunderte es, dass ihre in den Berichten nachlesbaren, paar Vorurteile über diese fremde, immer noch entfernte „Welt" ausreichten, ihre vertraute „Welt" plötzlich nicht mehr wahr zu nehmen.
Was genau sprach an seiner eher unauffälligen Biographie in Bayern und vom landläufigen Vorurteil abweichend denn konkret für irgendeine absondernde Affinität zu Guttenbergs ausgerechnet zum „Hard Rock"?

---

10 Das letzte Album, das er gekauft habe, sei „Their Satanic Majesties Request" von den *Rolling Stones* gewesen, erzählte Frank Zappa den „Spiegel"-Redakteuren Thomas Hüetlin und Rüdiger Falksohn, veröffentlicht am 17. August 1992. Er habe sein Leben zu seiner Arbeit gemacht: „Der fusselige Kunstpelz, den ich auf dem Cover unserer ersten Platte „Freak Out" trage, war wirklich mein Mantel. Den habe ich damals 24 Stunden am Tag angehabt."

Dafür gab es wenig Anhaltspunkte. Dass es in der Schweiz einen Tag vor der Geburt brannte, war einen Tag nach seiner Geburt in Bayern für den späteren Erfolg der *Deep Purple* unerheblich. Auch dass er im Moment ihrer Berichte mit seiner „Karriere" bereits am Ende war, machte den Vergleich mit *Deep Purple* nicht zur „Parabel".

Sowieso sprach sozial zunächst, also die ersten vierzig Jahre, wenig für irgendeine sonstige Nähe zu Guttenbergs zur „Gegen-Kultur" oder anklingender „Rebellion" gegen bestehende, nämlich seine angeborenen Verhältnisse. Zu solchen soziologischen Allgemeinplätzen wurde allerdings kein Wort in den Berichten verloren.

Er hatte – ganz unsoziologisch – einfach mit der Geburt „Glück". Das Elternhaus gereichte ihm jedenfalls zu Guttenberg nicht zum persönlichen Nachteil und späterhin sogar zu manchem Vorteil, auch wenn der junge Graf viel Zeit im Wald zubringen musste.

Nichts war für den – in den Siebzigerjahren ja gerade erst Heranwachsenden – von seiner Lebenserfahrung entfernter als die Hintergründe zu „Smoke on the Water".

Schon gar nicht jene gerade erst ein Jahrzehnt zurückliegenden, vor Wut stotternden Zeilen der Band *The Who* vom Oktober 1965:

> „People try to put us d-down/
> (talkin' 'bout my generation)/
> Just because we get around/
> (talkin' 'bout my generation)/
> Things they do look awful c-c-cold/
> (talkin' 'bout my generation)/
> I hope I die before I get old/
> (talkin' 'bout my generation)."

Damals fragten manche Erwachsene zu recht: Who? Sogar die *Rolling Stones*, als deren „Vorgruppe" die Band *Who* auftrat, waren indigniert.

Das war lange her. Schon damals schnell und längst vergessen. 2011, zum „Zapfenstreich", erst recht. Da faselten alte Männer von „Generationen", die sie nicht kannten.

Vielleicht war es ja zu „deutsch“, danach zu fragen, wieso der Musikwunsch „Smoke on the Water“ kombiniert mit dem intonierten „Großer Kurfürst“, irgendeinen Sinn für die „deutsche Leitkultur“ oder zumindest in den Augen bundesdeutscher Leitartikler, zumal in selbsternannten „Leitmedien“ ergab?
Nicht dass es für die Zukunft eines offenbar andauernden Generationenunverständnisses etwas änderte, hier Fakten und Zusammenhänge nachzutragen. Aber es war doch mal gut, ein bisschen mehr zu wissen, als die einfachen Antworten auf Fragen, die sich Journalisten beim „Zapfenstreich“ nicht gestellt hatten.
Dies ist keine „Besserwisserei in Nachhinein“, von der Kritisierte in Deutschland sich stets gern mit Abscheu abwenden, als würde dies ihr Wissen vergrößern.
Die hier genannten Informationen gab es eben nicht erst „im Nachhinein“ – sie kamen genau aus der Zeit, auf die Bezug genommen wurde, ob von zu Guttenberg oder den von ihm Berichtenden.
Gleichwohl wurde mehr ignoriert als gewusst, mehr unterstellt als beobachtet.
Warum sollte zu Guttenberg denn nicht „Pop“ für sich bevorzugen, wie es in Live-Sendungen hie und da nachsichtig, geradezu altväterlich eingeräumt wurde: Ein Minister zwar, aber für deutsche Politik-Verhältnisse mit Vierzig ja auch noch ein „junger“ Mann. Irgendwie.

Auch das war keine Erklärung für eine Frage, die zumindest bis dahin niemand gestellt hatte. War das jugendlicher Wahn oder musikalische Frühverrentung?
Na, gewiss, laissez-faire und „Kack die Wand an“, wie es heutzutage im gängigen analfixierten Kita-Deutsch landläufig so oft heißt: Warum denn auch nicht?
Aber, wenn schon die Frage „Warum denn nicht?“ aufkam (ohne damit auf eine irgendeine Antwort wert legen zu wollen), so war die Frage „Warum denn bloß?“ damit weder aufgeworfen, noch befriedigend beantwortet.

Und warum, wenn man es denn ohne jede Frage auch, sogar, vielleicht optional einem Minister ohne weiteres zubilligen können müssen sollte, wurde dann im Weiteren zugleich davon geredet, dass der „scheidende“ Verteidigungsminister ausgerechnet damit einen „Bruch“ in der Tradition vollzogen habe – wenn es doch ohnehin nur gewissermaßen harmloser, weil „jugendlicher“ Übermut wäre? Immerhin mehr Mut als ein Minister üblicherweise zu haben schien.
Ansonsten blieb alles andere so wie es war. Mitten im „Krieg“ in Afghanistan, der laut dem seinerzeit verantwortlichen Verteidigungsminister Peter Struck (SPD) die deutsche „Demokratie am Hindukusch“ verteidigte, blieb alles so wie es stramm stand – nur mit Rock-Musik.
Zu Guttenberg hatte sich während seiner sechzehnmonatigen „Amtszeit“ anfangs, im März 2010, noch „getraut“, dafür erstmals das „umgangssprachliche“ Wort „Krieg“ in den Mund zu nehmen. Es gab „Aufschreie“ von Partei-Kameraden und Kommentatoren.
Wenige Monate später, im November 2010, redete der Bundespräsident Horst Köhler (CDU) sogar offen von Bundeswehreinsätzen überall in der Welt, bloß aus „wirtschaftlichen Interessen“. Das klang nach anti-imperialistischer Ideologie, war aber vom früheren Sparkassen-Direktor Köhler, den die Kanzlerin Angela Merkel (CDU) sich zum Bundespräsidenten auserkoren hatte, vermutlich nur ehrlich dahergesagt.
Horst Köhler wurde noch vor zu Guttenberg mit einem „Zapfenstreich“ verabschiedet. Das „Stabsmusikkorps“ der Bundeswehr spielte auch für den ersten vorzeitig scheidenden Bundespräsidenten auf.
Kitschreiche Kulisse der Inszenierung mit viel Blech: das ehemalige „Schloss Bellevue“, einst Sommerresidenz des preußischen Prinzen August Ferdinand. Köhlers Bonus-Track war zwar kein „Hard Rock“, aber ebenso wenig „deutsch“ wie „Smoke on the Water“.
Immerhin ein Marsch: „St. Louis Blues March“. Dessen erste Strophe lautet übersetzt:

„Ich hasse es,/
die Abendsonne untergehen zu sehen.
Denn mein Schatz hat diese Stadt verlassen.
Ich werde mich morgen genau wie heute fühlen.
Ich packe meinen Koffer/
und mache mich aus dem Staub."

Kommentatoren notierten diese Songwahl nicht als „Bruch" mit der deutschen „Tradition". Es war eher rührend anzusehen, weil Köhler seine Frau zärtlich bei der Hand hielt.

Merkwürdigerweise blieb das Ereignis einer Bewertung der „Zapfenstreich"-Musikauswahl – als irgendwie, irgendwo, irgendwann pop- oder „gegen"-kulturell – im Fall Guttenberg in der gesamtdeutschen Politikberichterstattung einmalig. Obschon es genügend andere Anlässe gegeben hätte, die verkappten Pop-Journalisten im grauen Zwirn des Politikressorts die Tinte hätte fließen lassen müssen.

Die Nachfolger zu Guttenbergs im Amt des Verteidigungsministers beispielsweise fanden mit ihren Musikwünschen zum „Großen Zapfenstreich" jedenfalls kaum vergleichbare Beachtung: Thomas de Maizière (CDU) hatte sich – zum Abschied am 8. Januar 2014 – den Schunkeltitel „Live is Life" der österreichischen Band *Opus* gewünscht. Das lud zum Mitgrölen und -klatschen ein. „Bis zur letzte Patrone" hatte er, so zitierte der „Tagesspiegel" schon zum Abschied zu Guttenbergs dessen Nachfolger de Maizière, das Land vor dem Ansturm der Fremden verteidigen wollen.

Am 15. August 2019 verabschiedete sich dann auch Ursula von der Leyen (CDU) von ihren zahlreichen, unaufgeklärten Skandalen im Verteidigungsministerium und dem Versagen, siebzig Jahre nach Verabschiedung des Grundgesetzes immer noch – wie ihre vermeintlich männlichen Vorgänger – an den „Traditionen" der „Truppe" gescheitert zu sein.

Sie zog nach Brüssel, wo sie Präsidentin der Europäischen Union wurde – und nicht der durch die Europawahl demokratisch legitimierte Kandidat der konservativen Mehrheitsfraktion im EU-Parlament, Manfred Weber (CSU). Auch zu Guttenberg übernahm wenige Monate nach seinem Abgang, schon im Dezember 2011, ein Amt in Brüssel: Er „koordinierte“ die internationale Netzpolitik – ohne dass er zuvor je als Aktivist für die internationale Freiheit des Internets aufgefallen war.

Auf von der Leyens Wunsch hin spielte das „Musikkorps“ schon mal vorab die „Europahymne“, nämlich Beethovens „Ode an die Freude“, und dann noch Mozarts „Ave Verum“ – sowie ein Liedchen mit Pfiff, den „Wind of Change“ der Hannoverschen „Hardrock-Combo“ *Scorpions*:

> „Take me to the magic of the moment/
> on a glory night/
> where the children of tomorrow/
> dream away (dream away)/
> in the wind of change.”

Diese Musikwahl störte die Zuhörer und Kommentatoren ebenfalls nicht. Obwohl der Text purer Schund ist – und mit der ehemaligen Ministerin nichts zu tun hatte. Bis auf den Umstand, dass sie sieben Kinder gebar („children of tomorrow“) und ebenfalls aus Hannover kam. Immerhin war der Song seit Erscheinen die meistverkaufte Single aus „deutscher“ Produktion und hatte die meisten „Klickzahlen im Internet“, für einen „deutschen“ Interpreten.

Der Titel war knapp drei Jahrzehnte zuvor veröffentlicht worden, am 25. November 1990, also ein noch aktuellerer, um ein Jahrzehnt jüngerer Bezugspunkt als der zu Guttenbergs.

Das seinerzeitige *Scorpions*-Album hieß „Crazy World“, wozu Frau von der Leyen womöglich einen besseren Zugang hatte als zu „Machine Head”. Die erst im Februar 1991 ausgekoppelte Single „Wind of Change“ wurde weltweit als „Hymne der Wende“ promotet, obwohl die „Wende“ da bereits zwei Jahre vorüber und einige der einstigen Protestgedanken inzwischen alles andere als wahr geworden waren.

Es war im *Scorpions*-Song geschichtlich gesehen auch nicht die Bundeswehr, die Deutschland „wiedervereinigt" hatte zu alter preußischer oder sonstiger Reichsgröße a la Globke, die die Reichswehr zuerst mit einer „Umvolkung" des „Volks ohne Raum" in den Osten verspielt hatte.

Wer genauer hinhörte, wie sich der Sänger Klaus Meine auf Englisch mühte, musste bemerkt haben, dass die im Lied beschriebene „Change"-Stimmung zwar bei Soldaten verbreitet gewesen sein sollte – aber bei seinerzeit noch sowjetischen. Weit weg, im Gorki Park – und nicht in den Herrenhäuser Gärten.

In Deutschland wurde mit diesem Park-Namen meist der US-amerikanische Thriller „Gorky Park" aus dem Jahr 1983 assoziiert, in dem drei Leichen mit enthäuteten Gesichtern gefunden werden. Auch sonst blieb der Film gesichtslos, naiv, voller Klischees über einen eben bloß „kalten" Krieg – eben so, wie auch die *Scorpions* es nicht besser auf den Punkt bringen konnten.

Immerhin war es bemerkenswert, dass deutsche Soldaten 2019, siebzig Jahre nach Beginn des Zweiten Weltkriegs, nun bei einem „Zapfenstreich" einen Song schepperten, der die ehemaligen Gegner zum Mittelpunkt des „Wandels" hatte: als Flaneure.

Andererseits bedachte die angebliche „Wende-Hymne" mitnichten jene Bürger, die 1989 in Leipzig, Dresden und Ost-Berlin für ihre Freiheit und Demokratie demonstriert hatten.

Kannte Ursula von der Leyen womöglich Herrn Bowie nicht, der eine zeitlang vor seinen Drogenproblemen ausgerechnet nach Berlin geflüchtet war und dort in Nachbarschaft zum „Todesstreifen" sentimental die „Helden" besungen hatte?

Es war eben kein so großer Verkaufs- und Klick-Schlager wie der von den *Scorpions* als Marke geschützte Titel „Wind of Change".[11]

---

11 Die Bee Gees veröffentlichten übrigens schon im Mai 1975 eine Schmalzballade „Wind of Change".

Bruch

Was war der Grund für die so unterschiedliche, veröffentlichte Aufnahme vermeintlicher musikalischer Vorlieben, wie sie ausgerechnet bei den „Großen Zapfenstreichen“ scheinbar als Zeugnisse unterschiedlicher „Kulturen“ oder als von Unkundigen ausgerufene „Rockgeschichte“ aufeinander prallten mit vorgeblich „ernster“ oder nur Marschmusik?
Oder waren es bloß die seufzend anerkannten Verkaufszahlen der ausgewählten Songs, an die Auflagenhöhen oder Wählerstimmenprozente oft nicht heranreichten?
Das religiöse und preußenmilitärische Ritual war jedenfalls im andauernden Leerlauf, der in den wenigen bereits genannten Anlässen und Set-Listen deutlich wurde.
Die Symbolik war ohnehin bis zur Kenntlichkeit verklärt: „Ehre“ beispielsweise dem Plagiator zu Guttenberg, dem im öffentlichen Ansehen zumindest die Ehre in einer zivilen Gemeinschaft nicht mehr gebührte? Einem Ehrenmann, der das Amt wegen Schwindelei nicht mehr ausübte durfte, dessen ehemalige Untergebene ihn nun aber „ehrten“?

Zu Befehl: Ein strammes Antreten beim zögerlichen Abtreten, wenn es schon unter den im Hintergrund steif stehenden Demokraten offenbar nichts mehr Politisches zu sagen gab.
Vielleicht lag die Malaise mit der kümmerlichen Deutung dieses „Ehren"-Abschieds in der Öffentlichkeit der Bundesrepublik auch einfach an dem verbreiteten Unbehagen vor weiteren, möglichen Deutungen.
Vielleicht war es ja auch typisch „deutsch", nichts zu fragen, solange „Tradition" scheinbar irgendeine, schon gar nicht mehr erst nennenswerte Antwort gab.
Deutsche Journalisten fragten 2011 ernstlich, was „Smoke on the Water" in einem Ritual zu suchen hatte – aber nicht umgekehrt, was die Beibehaltung dieses waffenstarre „Zapfenstreich" als Fokus in einer Demokratie bedeutete.
Vermeintlicher „Pop" war ihnen für die vorgeblich „politische" Berichterstattung bedeutsamer als die mögliche Beschädigung des Parlamentarismus durch das inzwischen gänzlich verwirrte Festhalten an Traditionen des völkermordenden Gesterns.
Aus dem Geschichtchen um die Plattenproduktion von *Deep Purple* machten sie lieber viel Tamtam. Aber um das Tamtam des Zapfenstreichs herum verklärten sie Geschichtchen zur „Geschichte". Bei den „Echtzeit"-Nachrichten ist von vornherein irgendwas Aktuelles sogleich „historisch" – und alle Wichtigen, die das behaupteten, waren sowieso „dabei". Alles gilt medial gemäß des Großen Schabowski-Menetekels von 1989 immer nur „gleich, ab jetzt, sofort".
Die „Geschichte" ist dann sowieso immer sogleich und fortan im „Nachrichten"-Archiv für mindestens eine Woche, also für immer da. Sie ist jedenfalls nie mehr das, was vorher war.
Solche Journalisten phantasierten lieber zum angegebenen „Musikgeschmack" zu Guttenbergs, der in seiner Auswahl deutlich erkennbar keiner war.
Stattdessen zerbrach „man" sich von Sender zu Sender den Kopf, was es mit dem Titel „Smoke on the Water" auf sich haben könnte, egal worum es denn darin überhaupt gegan-

gen war – statt zu fragen, wie es denn mit dieser behaupteten Leidenschaft für „Pop-Kultur“ zu der Musikwahl „Großer Kurfürst“ und „König Ludwig II.“ gekommen sein mochte. Diese waren, für jeden Schwerhörigen erkennbar, ein deutlicher „Bruch“ mit der Tradition des „Hard Rock“ und *Deep Purple*. Dennoch wurde es mit keiner Silbe angesprochen. Auch nicht von zu Guttenberg, dem Taktgeber.

Es galt also offenbar das unausgesprochene Einverständnis, dass ein deutscher Bundesverteidigungsminister im 21. Jahrhundert, geboren in Bayern, nur ein Ohr für Märsche haben konnte. Jeder Takt-Wechsel mochte bloß eine kleine Abweichung von dieser Grundannahme sei – also mithin eine kleine berichtenswerte Sensation des Sinnlosen, geeignet aber für ausufernde „politische“ Live-Sendungen. So spannend wie die Frage, ob „Germanys Next Top Model“ feministisch rüberkäme.

Ein Ritual war ein Ritual war ein Ritual. Was sonst, trotz aller gelegentlicher Geschmackverirrungen?

Ursprünglich läutete der „Zapfenstreich“ zur festgesetzten Abendstunde nämlich bloß das Ende der üblichen Besäufnisse ein. Dann zog ein Offizier samt Pfeifer und Trommler durch die Gaststuben und schlug mit seinem Stock auf den Zapfen des Fasses. Danach durfte der Wirt keinen Sprit mehr ausgeben und die beduselten Landsknechte mussten ins Lager oder die Kaserne zurückkehren. Wer sich widersetzte, wurde hart bestraft. Aber war es somit schon Aufstand, „Smoke on the Water“ anstimmen zu lassen, wenn alle zum Appell ohnehin vom Rummel um den Dissertationsaufguß verkatert dastanden und bloß noch nach Hause wollten?

„Die Mischung macht´s“, sagt der „Volksmund“, um ihn – wie Populisten – in seiner unerschöpflichen Abgründigkeit kein letztes Mal zu zitieren.

Aber wie fügten sich die Teile zu einander? Was wurde da „neu“ gemischt? So wie BRD und DDR? So wie internationale und „deutsche“ Pop-Musik?

So wie Demokratie und Militärgedöns, so wie „Smoke on the Water“ und „Wind of Change“?
Amalgierten sie mit der Politik oder ergaben daraus gar neue Formen? Wurden am Ende bloß Cover-Versionen oder plumpe Pop-Plagiate daraus oder Werte-Wechsel und ein Lebens-Wandel? Wurden sie zu Erinnerungsstaub oder zu Museumsklumpen?

Zum Ende der Neunzigerjahre – jener Zeit also, in der zu Guttenberg (laut der umfänglichen Boulevardberichterstattung seiner Anfangsjahre als Politiker) angeblich zur typisch berlinerisch aufstampfenden „Love-Parade“ neigte – da machte sich international die Hiphop-Szene diesen Grundgedanken des Zitierens und Mischens leichtfüßig zunutze.
Sie extrahierte Beats, scratchte Schnipsel, klaute auch Themen und Motive aus Sounds und Songs, um damit „Neues“ in einem anderen musikalischen Umfeld zu kreieren.
So weit, so urheberrechtlich umstritten – wo war da das „Werk“? Wo und wie das Plagiat?
War in den anschließenden Nullerjahren dies in Deutschland nun plötzlich auch eine Darstellungsform von und in „der Politik“ geworden?[12] Beispielsweise mit einem angeblich auch „Love-Parade“-affinen Bundespräsidenten Christian Wulff (CDU), dessen neue, junge Gattin Bettina bei Staatsanlässen vor allem in der Klatschpresse ihre kalte Schulter zeigte, verziert mit einem „Tribal Tattoo“? Es fand jedenfalls merkwürdige Beachtung, ohne den Hauch einer inhaltlichen Deutung dieser gestaltetet Oberfläche. Ein Bruch? Oder bloß Haut? Christian Wulff, der seine Frau aus erster Ehe in Hannover zurückgelassen hatte, versprach bei seiner Vereidi-

12 Die erste „Love-Parade“ am 1. Juli 1989 in West-Berlin, wenige Monate vor der „Wende“, war von Herrn Matthias Roeingh übrigens als „politische Demonstration“ polizeilich angemeldet worden, unter dem eingängigen Motto: „Friede, Freude, Eierkuchen“. Roeingh, der sich „Dr. Motte“ nannte (so wie sich der Graf zu Guttenberg 18 Jahre später „Doktor“ nannte), vermied so geschickt die Gebühren für die Straßenreinigung vom Bahnhof Zoo zum Olivaer Platz. Touristen können das noch heute riechen.

gung zum Bundespräsidenten am 2. Juli 2010 in Berlin, auf „andere Kulturen" zuzugehen in „unserer bunten Republik Deutschland"[13].

Von „Pop-Kultur" kein Wort. Die „Gegen-Kultur", vor der verstockte Eltern jahrzehntelang gewarnt hatten, war da längst vergessen – und doch in der Metaphern-Sprache geradezu parabulös präsent.

Schon wenig später, am „Jahrestag der Deutschen Einheit" am 3. Oktober 2010, sagte er, „der Islam gehört auch zu Deutschland".

Glaubten „junge" Politiker wie zu Guttenberg noch oder schon an Oldies wie *Deep Purple*? Glaubten sie wie Christian Wulff noch an das „europäische Abendland" oder schon an die „multikulturelle Gesellschaft"? Glaubten sie noch an Märsche oder schon an „Montagsmarschierer", die gegen die „Islamisierung des Abendlandes" so in Leipzig in der „Wende"-Tradition auf die Straße gingen, als müsste auch die BRD gleich nach der DDR abgeschafft werden? Sie zeigten wieder die „Reichskriegsflagge". Der Erste und Zweite Weltkrieg waren aber auch zu schön. Und die anderen Nationen sollten sich mal lieber nicht allzu lange in Ruhe gelassen wähnen.

Was erzählte der vorgebliche Musikgeschmack von Bundespräsidenten und Bundesverteidigungsministern ausgerechnet einer gerade nachwachsenden Generation, die weder etwas mit ihnen noch mit den früheren „Rock"-Größen zu tun hatte und haben wollte? Noch in der Schule ernstlich etwas von „deutscher" Geschichte erfuhr – das fanden Lehrer in Deutschland noch nie so wichtig.[14]

---

13 Zu- oder augenfälligerweise war dies auch der Titel eines Albums von Udo Lindenberg, „Bunte Republik Deutschland" vom 16. Oktober 1989.

14 Mein Geographie-Lehrer legte Wert darauf, dass seine Schüler immerhin in den Sechzigerjahren noch wussten, dass das Donez-Becken viel Kohle-Vorräte berge. Falls wir mal wieder gen Russland marschierten. Ich möchte nicht wissen, was heutige Schüler erfahren, das nicht schon Horst Köhler wusste.

Verabschiedet wurde Christian Wulff schon ein Jahr nach zu Guttenberg, am 8. März 2012. Nach nur 21 Monaten Amtsdauer kam das Karriere-Ende mit nur 53 Jahren und der bereits bekannten „Musikkorps"-Version der „Ode an die Freude" sowie „Over the Rainbow" von E. Y. Harburg aus den Dreißigerjahren:

„Someday/ I'll wish upon a star/
Wake up/ where the clouds are far/ behind me-ee-ee-ee!
Where trouble melts like/ lemon drops!
High above/ the chimney tops!
that's where you'll find me, oh/
Somewhere over the rainbow/ bluebirds fly!
And the dream/ that you dare to/
oh why, oh why can't I/ I?!"

Sagten blaue Vögel etwas über „Multi-Kulturalität" aus, wenn man aus Hannover kam? Machte zu Guttenberg sich mit dem Zitieren von grauer „Gegen-Kultur" eine „Freude", indem er seine Ode „Smoke on the Water" in den Zusammenhang eines „Ehren"-Rituals pflanzte?

Verfolgte er mit seiner Mischung aus militär- und pop-kulturellem Tand – mit einem „Musikkorps" samt angeschlossenem „Spielmannszug", zwei „Zügen Begleitkommando" („unter Gewehr") und einer „Begleitformation" aus Fackelträgern – die Ablösung einer Form oder die eines ungenannten Inhalts? Womöglich, um im „neuem" Rahmen den Blick auf andere als die bisherigen Deutungen freizugeben?

Lag die flache und falsche Interpretation der um ihn zum „Ehren"-Akt Verdammten oder der Kommentierenden schlicht an der Unkenntnis des – ohne Text gespielten – Songs? Oder an der offenbaren Unfähigkeit von Bundespolitikern und meinungsbildenden Journalisten überhaupt irgendwann mal Englisch lernen zu wollen?[15]

---

15 Dieses Defizit hatte ich mildern wollen, indem im gymnasialen Englischunterricht mein Lehrer Volker Rühe (CDU) per Klassenabstimmung genötigt wurde, die Texte von „We're only in the for the Money" zu besprechen. Vermutlich aus Verzweiflung über diese frühen schulischen Erfahrungen wurde Rühe später Bundesverteidigungsminister im Kabinett Kohl. Genutzt hatte diese Textkunde nichts und niemandem.

Oder einfach der eklatanten Unkenntnis von „Rock-Geschichte“[16] und dessen Verläufen und Verkäufen, insbesondere in jenen Jahren, die anscheinend den „Zapfenstreich“-Teilnehmern so fremd waren wie alles vermutete Fremde, das die deutschen Grenzen „seit 2015“ zu überschreiten drohte, dem darob von Konservativen immer wieder jammernd benannten heiligen Krisenjahr Deutschlands?
Nicht, dass sie Details über vorangegangene Debatten und Differenzen hätten wissen müssen.
Niemand „muss“ in Deutschland etwas „wissen“ oder können, der Politiker oder Journalist werden will.
Das ist Chancengleichheit und demokratische Durchlässigkeit. Nicht viel zu wissen ist jedoch keine alleinige und unabdingbare Voraussetzung für höhere Weihen.
Zumindest sollte man unterscheiden können, ob jemand eine Rolle einnimmt oder sie nur spielt, in dem er mit anderen spielt, in der Hoffnung, nicht erkannt zu werden.
Wer das Amt eines Ministers nicht ausfüllt, muss nicht gleich als Pop-Fan zu anderem berufen sein.
Man musste also gewiss keine Pop- oder Rocksong-Texte auswendig kennen oder ihre Entstehungsgeschichte ergründen, Entgegnungen anderer widerstreitender Musiker oder Deutungen von Fans abwägen.
Nur dann, wenn man so tat, als wüsste man genau wie, wann, warum und wozu „Smoke on the Water“ geschrieben worden war – und doch genau nicht wiedergab, um was es darin im engeren und weiteren Sinn ging.

---

16 Im Unterschied zum ur-deutschen Bundestag, in dem wohl kaum ein Abgeordneter mit Popmusik vertraut ist, sammelt die US-amerikanische „Library of Congress“ systematisch „popular music“ aller Epochen, zur freien Verfügung für Politker, Journalisten und Bürger. Sie benennt jeweils den „Song of the Day“ und veranstaltet Konzerte mit bedeutenden Musikern.

Vielleicht war es vielmehr „typisch deutsch", als „Kommentator" einfach nur nachzuplappern, was der Kriegsminister ihnen eben gerade in seiner Abschiedsrede somit wortgerecht als „Parabel" nahegelegt hatte.
Frank Zappa, an den *Deep Purple* noch erinnerten, hatte zu Guttenberg dabei nicht genannt. Der passte noch weniger zu ihm als zu *Deep Purple*.
Denn Frank Zappa galt Konservativen irgendwie als „links". Mit „sowas" brauchte man sich gar nicht erst beschäftigen, wenn man mit sich selbst genug zu tun hatte.
Im Übrigen hatte zu Guttenberg sein in seiner vermeintlich persönlichen Erklärung vor und beim Abschied vorgetragenes Wissen nahezu wörtlich so aus „Wikipedia" abgeschrieben, allerdings nicht in dem Eintrag zu seiner Person, sondern dem zu *Deep Purple*.
Der Bezug war abenteuerlich, aber offenbar glaubwürdig für Journalisten.
Die „Deutsche Presseagentur" hatte die vermeintlich biographische Klebearbeit zu Guttenbergs geradezu offiziös vorab verbreitet, als sei es die fortan gültige Interpretation seines Werdens und Schaffens.
Und namhafte, überregionale Zeitungen ließen diese abgekupferte, sinnlose Darstellung „noch mal so richtig krachen", indem sie den schmachvollen Abgang mit einer Legendenbildung und unisono als „Parabel" adelten.
Was bedeutete ein „Rücktritt" vom Amt in einer Demokratie? Allenfalls, dass sie noch funktionierte. Mussten Berichterstatter dann deuten, dass der zum Abgang zuvor lange Genötigte, sowieso schon bald zurückkehren werde – so wie *Deep Purple* einen Tag vor für dessen Geburt und erst nach der Katastrophe vermeintlich zu wahrer Größe aufstiegen, zu Erfolg und „Geschichte"?
Hätten „im Nachhinein" Berichterstatter in einer demokratisch verfassten Gesellschaft nicht wenigstens auf gerade erst Vorangegangenes achten können als auf eine Rückkehr eines erst Abgehenden zu hoffen, aus welchen Motiven auch immer?

Denn über den vermeintlich „persönlichen“ Musikgeschmack zu Guttenbergs und sein Verhältnis zur Nachkriegsdemokratie hätte sich schon früher durchaus substanzieller berichten lassen. Ob beim Wahlkampf im Bierzelt oder auch vor einer Rede vor Soldaten im afghanischen „Feldlager Kundus“ hatte zu Guttenberg sich auch mal mit „Hell's Bells“ begrüßen lassen.

Das war kein „Zapfenstreich“ als fragwürdige „Ehrenbezeugung“, sondern blutiger Ernst: Der „Verteidigungsminister“ eines demokratischen Landes war so locker, dass es offenbar keinen Politikberichterstatter empört hatte, dass er nicht standesgemäß mit der Nationalhymne begrüßt wurde oder sonstigem „Zapfenstreich“-Sound, sondern – ohne einen Gedanken an einen „Bruch“ – mit einem *AC/DC*-„Klassiker“ aus dem Jahr 1980, der der Reichswehr und der SS alle Ehre gemacht hätte:

> "I won't take no prisoners,/
> won't spare no lives./
> Nobody's putting up a fight/
> I got my bell, I'm gonna take you to hell/
> I'm gonna get you, Satan get you."

Solche brachiale Unverblümtheit hatte keineswegs eine vergleichbare Medienreaktion zur Folge wie später die Hit-Wahl „Smoke on the Water“.

Werk

Was bedeutete, umgedreht gefragt, der freiwillige Rückzug beispielsweise der *Beatles*. Dass Pop-Musik nicht mehr funktionierte?

Das Spiel mit Quellen, Referenzpunkten und eigener Orientierung in der Pop-Musik-„Geschichte" lässt sich mit einem scheinbar abgelegeneren Beispiel als „Smoke on the Water" so von hinten beleuchten, dass mehr Licht durchscheint auf die Inszenierung vorm „Bendlerblock": Ähnelte der Akt der Verfremdung eines Zeremoniells, wie Guttenberg es mit „seinem" Wunsch zum „Zapfenstreich" laut der Medienreaktionen auf „Smoke on the Water" angeblich angedeutet haben sollte, in seinem Ansatz beispielsweise der musikalischen und optischen Inszenierung, mit der Hip Hopper *DJ Danger Mouse* statt *Deep Purple* die *Beatles* 36 Jahre später für sich vereinnahmte?

Mister Mouse hatte nämlich 2004 das „Weiße Album" der *Beatles*, ihr „letztes Werk" vom November 1968, kurzerhand am Mischpult mit allerlei Zitaten in ein „graues" gekontert. Seine Projektionsfläche war scheinbar groß, zumal das Cover

bildlos weiß daherkam. Und *DJ Danger Mouse* zitierte keine andere Band herbei als die *Beatles* selbst.
Hätte entsprechend zu Guttenberg *Deep Purple* statt des „Musikkorps" vor dem „Bendlerblock" auftreten lassen – es wäre wirklich ein „Bruch" gewesen.
Aber der Mut fehlte ihm, der sich nicht mehr von Krieg zu reden traute. Sogar mit Blick auf die frischen Gräber der „Gedenkstätte" redete er nur von der Wiederauferstehung einer Band, die mitnichten tot war.
Der Schwindel lag bei der Mouse-, anders als bei der verstohlenen „Zapfenstreich"-Inszenierung, in einem schamlosen, augenzwinkernden Zitat offen: Die *Beatles* wurden nicht exhumiert oder notdürftig mit viel Blech neu zusammengenietet. Im zugehörigen Video „Encore"[17] (deutsch, im übertragenen Sinn: Die Zugabe) wechselte ein aus Filmdokumenten der Sechzigerjahre digital ausgestanzter Ringo Starr seine Drums neckisch gegen darunter versteckte Turn-tables aus, um den von Mouse eingemischten Hiphop-Groove zu stützen und die im Originalfilm kreischenden Teenies damit weiter zur Ekstase zu treiben.
So, als lebten die *Beatles*, die sich längst von der Bühne und jenen hysterischen Aufwallungen zurückgezogen hatten. Gerade so, als wären die eingangs noch twistenden „Pilzköpfe" in dieser grotesken Marionetten-Show schon immer wie später die coolen schwarzen Hip-Hoper gewesen...
Mehr Bruch, zumindest mit der musikalischen „Tradition" des Pop, ging kaum. Schon gar nicht als eine augenzwinkernden „Ehren"-Bezeugung vor und mit den (digital reanimierten) Altvorderen.

Dies virtuose und doch korrekte Zitieren in einer Brikolage (statt einer Persiflage beim scheppernden „Zapfenstreich") erzählte allenfalls die halbe „Pop-Geschichte". Indirekt wurde ausgerechnet mit den Konzertausschnitten der Verlust thematisiert, den der schrittweise Rückzug vom Publikum und schließlich von der Band bedeutete.

17 Siehe www.youtube.com/watch?v=JbXLp2z6xL4

Für sie gab es ohne Auftritt keine Berechtigung mehr. Nur noch die im Studio, notfalls auch getrennt herzustellende Konserve blieb – und die Musik.
Ihre Verbeugung gegenüber der musikalischen Tradition hatten die *Beatles* in ihrer karnevalesken Verkleidung als „Sergeant Pepper“ bereits mehr oder weniger ironisch verarbeitet – als erfolgreichen Comic-Zapfenstreich.
Sie gingen damit ab, nicht mit Klamauk wie zu Guttenberg. Und setzten sich selbst ein Denkmal als Musiksoldaten, die in die Schlacht gegen die Meanies zogen, böse blaue Monster, die Musiker hassten und sie zu Stein verwandelten.
Warum auch nicht? Wenn sie doch noch „jung“ waren“. Und weiter rollten wie die *Stones*.
Die Selbstaufgabe als Band, so dass erst nur noch die Bank gewann, gelang ihnen erst später mit dem „Weißen Album“, das nur noch „*The Beatles*“ hieß – nicht mehr, nicht weniger.
Nur noch sie als eine Produkt-Marke, und dies, obwohl die Band da schon kaum noch existierte.

Es war allerdings der endgültige Abschied von der rebellischen Attitüde, von der erträumten Veränderung der Gesellschaft durch eine angebliche „Gegen-Kultur“ oder sonst was um sie und in ihnen.
Die *Beatles* hatten sie sich mit „Revolution No. 1“ (und dem pseudo-avantgardistischen Musik-Ulk „Revolution No. 9“) verabschiedet, ohne viel Aufhebens:

„You say/ you want a revolution/
Well, you know/
We all want to change the world/
You tell me/ that it‘s evolution
Well, you know/
We all want to change the world.
But when you talk about destruction
Don‘t you know/ that you can count me out.”

Sie jedenfalls standen nicht (mehr) für einen „Bruch“ – „you can count me out“.

Damit galten sie bei vielen deutschen Jugendlichen schon seinerzeit mehr oder weniger als „Verräter“ und „Angepasste“. Doch die statt ihrer oft favorisierten *Rolling Stones* konnten ausgerechnet seit „Street Fighting Man“ auch nicht gerade zu einer „Gegen-Kultur“ oder „Rock-Rebellion“ gezählt werden.

Der Chorus des Songs feierte nämlich nicht „die Revolution“, sondern die selbstgefällige Resignation, wie sie Frank Zappa schon in seinem Aufruf „Freak out!“ befürchtet hatte:

> “Because in sleepy London Town/
> There's just no place/ for Street Fighting Man! No!
> Hey! Think the time is right/ for a Palace Revolution/
> But where I live/ the game to play/ is compromise solution!
> Well then/ what can a poor boy do/ except to sing/ for a Rock and Roll Band.”

Was sollte man da machen, wenn „die Verhältnisse“ waren, wie sie immer schon waren?

Es war halt einfacher, in einer Rock-Band zu singen als ein armer Junge zu bleiben, der nie ins Casino gehen und sein Geld verspielen würde.

Warum also wurden die *Beatles* angefeindet für eine Feststellung, die andere genau so trafen und mit ihnen durchaus teilten, aber dafür als „Straßenkämpfer“ galten? London “brannte” nicht, solange die *Beatles* oder die *Rolling Stones* so sangen, sondern es war bloß „sleepy”, eine „Mode-Stadt“ mit Mary Quandt in der Carnegie Street und dem „Mini-Rock“ oder dem dürren Model Twiggy.

Für solche „Weicheier“, die Frank Zappa sie auf „Freak out!“ bereits abkanzelte, kam ein Sturm auf den Buckingham-Palast nicht in Frage.

Allenfalls, wie im „Streetfighting Man“, ging es um die „Palace Revolution“, nämlich gegen die ferne Militärdiktatur in der vom Empire gestützten Pakistan. Die Songs rochen nach winds of change:

> „The game to play/ is compromise solution!”

Erst über ein Jahrzehnt nach dem „Weißen Album“ und dem „Streetfighting Man“ von der LP mit dem pseudo-provokativen Titel „Beggars Banquet“, am 9. Dezember 1979, meinten die noch „jungen“ *The Clash* allerdings, London sei endlich fällig: nachdem die „idiotische Beatlemania“ ins Gras gebissen hätte:

> “London calling to the faraway towns:/
> Now war is declared/ and battle come down/
> London calling/ to the underworld/ [...]
> Phony Beatlemania/ has bitten the dust./
> London calling,/ see we ain‘t got no swing
> 'Cept for the ring of that truncheon thing.
> [Chorus:] The ice age is coming,/ the sun's zoomin' in./
> Meltdown expected,/ the wheat is growin' thin./
> Engines stop running,/ but I have no fear/
> Cause London is drownin',/ I live/ by the river.”

Da hatte allerdings die „eiserne“ Ära der Konservativen mit Margaret Thatcher gerade erst mit Polizei-Prügelorgien, brutalen Streik-Brüchen und dem zähen Zerschlagen der Arbeiter-Organisationen begonnen.

Das *Clash*-Lied sendete die BBC zwar auch in die Welt. Aber der legendäre Einleitungssatz „London calling“ rief nicht mehr zu Widerstand gegen Hitler-Deutschland oder ihre Kollaborateure auf. Es folgte auch kein Aufruhr auf Rundfunksendungen.

Deshalb geschahen einige der Katastrophen trotz des Songs:

> „Meltdown expected,/ the wheat is growin' thin.”

Nach Harrisburg folgte die „Atomkatastrophe“ von Tschernobyl – und schließlich am 11. März 2011 Fukushima, die kein Konservativer nach allem, was sowieso schon geschehen war, hätte noch geflissentlich für die Wirtschaftslobbyisten hätte übersehen können.

Nach Hungersnöten in Afrika und Asien wird der „Klimawandel“ auch Süd- und Nordamerika wörtlich verwüsten – so wie es Anfang der Siebzigerjahre bereits der „Club of Rome“ prognostizierte.

Doch wer hörte schon auf Hippies? Oder „Kommunisten?

Sowjetische Forscher um Igor Bestushew -Lada hatten ebenfalls in ihrer Studie „Die Welt im Jahr 2000“ die Zukunft der Klimaveränderung schon 1984 dramatisch gezeichnet. Doch Politiker handelten jahrzehntelang nicht, so als läge lediglich es um ein übel geratenes Horoskop vor.

As Time goes by. Einige frühere Vorstellungen und Visionen wurden bloß noch im Kleingedruckten auf den Kopf gestellt: Paul McCartney wurde am 11. März 1997, Mick Jagger am 15. Juni 2002 von der Queen in den Adelsstand erhoben.

„Gegen-Kultur“? In Deutschland war dies immerhin nicht denkbar. Es mochte gerade noch hingehen, dass ‚deutsche' Pop-Stars wie Herbert Grönemeyer, der seit Jahren lieber in „sleepy“ London als im pulsierenden Bochum lebte, oder Marius Müller-Westernhagen, der ein Album sogar in Woodstock mit angegrautem Liedgut wieder aufgenommen hatte, ein „Bambi“ oder das mindere „Bundesverdienstkreuz“ angesteckt bekamen – aber in den Adelsstand erheben ohne dass „der König von Mallorca“ sich persönlich zur Verkündung am Ballermann herbeigelassen hätte?

War denn dies wenigstens eine „Parabel“ auf Pop-Stars, wenn schon Politiker sich „Parabeln“ aus deren Lebenswegen mit viele „Pritt“ und Presse basteln mussten?

Nur für den, der ihnen nie anders zugehört hatte als erst nach einem Blick in die Billboards, Charts und „YouTube“-Klick-Raten.

Ein anderer Lebensweg, den sich Karl-Theodor zu Guttenberg ebenso wenig hätte vorstellen können wie die Adelung von „Rock“-Größen: Nach dreieinhalb Jahrzehnten kehrte Brian May von seinem Arbeitsplatz als Gitarrist der *Queen* zurück an das Londoner Imperial College, um dort seine vor der Rock-Karriere begonnene Doktorarbeit zur „Radialgeschwindigkeiten im interplanetaren Staub“ 2007 zu beenden. Neben Astrophysik interessierte sich May seit Jahrzehnten für die Stereoskopie, insbesondere der viktorianischen Zeit. Aber irgendein Interesse an *Deep Purple*? Nö.

Deja vu

Warum wurde zu Guttenberg, der es nie zu einem respektablen Rockmusiker oder respektierten „Doktor der Jurisprudenz“ gebracht hatte, wie ein „Rebell“ dargestellt, bloß weil er vierzig Jahre alte Pop-Musik wie ein Zitat aus oder zu seinem Leben spielen ließ, die ihrerseits selber nicht mal die Bedeutung des „Underground-Künstlers“ Frank Zappa und seine Bezüge zur Pop-Kultur ahnen ließ?

Aber war denn wenigstens der Effekt jener vorgeblich provokanten „Zapfenstreich“-Mischung ähnlich? Zumal doch – wie hier und nicht in den aktuellen Medien geschildert – der soziale Ausgangspunkt, die politischen Umstände und die pop-musikalischen Bezugspunkte ganz andere waren? Und da womöglich bloß ein Minister, der offenkundig nicht mit Zitaten umzugehen gelernt hatte, vor von ihm kalkuliert eingeeister Kulisse mit Marschmusik scheinbar auf herzigen „Hard-Rock“ als Tribut an die „Gegen-Kultur“ traf?

Das Besondere und damit die weitergehende Deutung zumindest für die lasche Behauptung einer „Gegen-Kultur“ lag

nicht in der stets plumpen Präsentation des „Zapfenstreichs", sondern tatsächlich bereits in dem kleinen Song: „Smoke on the Water" hatte ganz profan und unambitioniert, luschig und nebenher die launigen Geschichte(n) des Pop auf einen essentiellen und zugleich ironischen Punkt gebracht.
Da stand der musikalische und politische „Außenseiter", der „Freak" Frank Zappa auf erlauchter Bühne – und konnte nicht mehr darbieten, was er im Unterschied zum sonstigen Publikum beherrschte: Rock als „Lebensform", sogar auf fremdem Parkett im Casino, wo Reiche das bei Armen zusammen geraffte Geld verzockten.
Ihm wollten die vermeintlichen Rauhbeine von *Deep Purple* damals unbedingt lauschen. Wirklich? Warum gerade Zappa? Na gut, die *Beatles* traten 1971 schon nicht mehr auf. Doch die Enttäuschung war wohl tatsächlich groß, dass das Konzert ausfiel.
Obwohl es dabei offenbar nicht einmal nur um die *Mothers*-Musik ging. Der persönliche Geschmack war ja bekanntermaßen ein völlig anderer: Kein Musikkritiker hat je gemutmaßt, dass *Deep Purple* möglicherweise heimliche Politkabarett-Fans oder Jazzfreunde in falschen Klamotten seien, so wie es die Kommentatoren bei zu Guttenberg taten, dem plötzlich das „Wilde" aus dem zugeknöpften Jackett gesprungen sei.
Es war für *Deep Purple* wohl ein über die Maßen verwirrendes Erlebnis. Deren Fans verwunderte allenfalls, dass nicht ihr umschwärmter Sänger Ian Gillan von einem Eifersüchtigen angegriffen worden war. Aber dann ausgerechnet Zappa?
Das so kärglich in „Smoke on the Water" geschilderte Geschehen drehte sich eben nicht um die äußeren, oft die Mythen bekränzenden „Bilder" von Rauch, Feuer und Wasser. So spielten sie ihren kleinen Song nicht auf: zwar im Marshall-Amp-Sound ein bisschen martialisch und im Text abgeduckt wie ein sprachlich umgangener Krieg. Bloß als trotzige Überlebenspose es mal ein bisschen wie in Bayreuth „krachen lassen", so wie ehemals die bei Nazis beliebten musealen Wagner-Aufführungen.

Der Songtext voller Unverstand und Eitelkeit spiegelte gleichwohl schlicht die Verunsicherung der angeblich so hartgesottenen *Deep Purple* angesichts des Feuers vor ihnen, das auch sie hätte erreichen können. Diese Beklemmung in eben diesem Song sprang offensichtlich auf den Bundesminister der Verteidigung zu Guttenberg bei seinem Auftritt vor Fackelträgern nicht mal als Funke über. Vielleicht konnten sich Musiker, die für harte Jungs gehalten wurden, mehr Verstörung leisten als einer, der dies von seinem Leben ausschloss. Notfalls auch, indem ihm nur seine Partei, die ihn fallengelassen hatte, sondern „die Menschen" zujubelten, die ihn vielleicht nicht mal gewählt und damit legitimiert hatten, möglichst Gutes zu tun. Ihm wie *Deep Purple* zuzujubeln, der ihre Musik spielte, auch wenn das Komment streng genommen anderes verlangt hätte. Wenn der „Zapfenstreich" vorbei war, war die Musik noch längst nicht zu Ende.

Die Band *Deep Purple* hatten mit ihrem Image kaum etwas mit Frank Zappa gemein, auch wenn sie laut ihrem Song scheinbar seine Nähe wünschten. Die *Beatles* hingegen erwähnten *Deep Purple* in keinem Lied.
Doch hatten Paul McCartney und John Lennon einen vergleichbaren Lebenseinschnitt erlebt wie sie beim Schreiben von "Smoke on the Water". Als diese beiden sich 1967 erst darauf freuten, nicht Zappa, sondern den Beginn der Europa-Tour ausgerechnet von Jimi Hendrix in London erleben zu können, da waren sie nicht wegen dessen brachial anderer Musik entgeistert, sondern weil dessen Band „Experience" als Opener „Sgt. Pepper´s Lonely Hearts Club Band" mit allen Reglern seiner Feedback-Kunst verzerrte. Das gleichnamige *Beatles*-Album war da noch nicht mal eine Woche „auf dem Markt". Obwohl es hörbar eine naive, nostalgische Ode an die musikalische Promenade war, wurde dessen willkürliche Mischung aus uniformer Kurhaus- und Jahrmarkts-Mucke mit Pop und Psychedelic sofort und erst recht später von Kommentatoren als „Meilenstein" der „Pop-Geschichte" verklärt: als das „erste Konzeptalbum".

Doch das Album war bei der Titel-Auswahl viel mehr vom Marketing als von wenigen musikalischen Meilensteinen geprägt worden. Der in „Love & Peace"-Zeiten wichtige Signal-Songs „All you need is Love" beispielsweise wurde erst mal auf das nächste Album, „Yellow Submarine" (1969), verschoben.
Er störte wohl das vermeintliche, da schon fast museale „Kunstwerk" um den alten Grummelkopp „Sgt. Pepper" in seiner Parade-Uniform. Andere, wie das schlichte „Penny Lane" oder das komplexe „Strawberry Fields", erschienen zur besseren Vermarktung zunächst getrennt scheinbar vorab als Singles. Sie gelangten dann nicht mehr auf das „Sgt. Pepper"-Album, sondern wurden – aus Marketing-Überlegungen – zunächst als Singles veröffentlicht und kamen ebenfalls in das Soundtrack-Album mit seinen lustigen Zeichentrickfiguren und modischen Montagen als Zweitverwertung im Kinofilm). Das „Konzeptalbum" hatte leicht erkennbar gar kein Konzept, sondern folgte ausschließlich Vermarktungsgedanken. Der planmäßige Rückzug vom Teilen der Musik mit den Fans wurde auf das kommerzielle Verteilen an die Verbraucher umgeleitet.
Passte Herrn Hendrix an diesem durchschaubaren, aber in seiner Infantilität, wie sie nur Marketingleute zur Ernsthaftigkeit verklären können, arglos scheinenden Vorgehen etwas nicht? Oder bewunderte er hinter seiner Fassade aus überdrehenden Verstärkern heimlich die feine Klangmalerei der weißen Jungs, nachpoliert von George Martin und Orchestermusikern? Oder deren Geschäftssinn?[18]
Einige der *Beatles*-Titel griffen auf dem ansonsten exaltierten „Sgt. Pepper"-Album – allerdings mit gewöhnlicher Instrumentierung und dem gewohntem *Beatles*-Sound – auf, was in

---

18 Hendrix war eigentlich gar nicht zu einer Tour angereist. Er wollte bleiben. Weil er als Schwarzer in den USA wenig Chancen für eine große Karriere sah, außer wieder im Vorprogramm der *Monkees* zu spielen.
Er bezog in London das ehemalige Haus von Georg Friedrich Händel, der sich als Reisender aus Hannover 1717 hier endgültig angesiedelt hatte – und fortan sich und seine Musik geschickt vermarktete.

diesem „neuen“ Umfeld absonderlicherweise wie ein Bruch wirkte: nämlich – unerwartet nicht Erlösung durch Gurus wie Sri Yukteswar Giri, Sri Mahavatar Babaji, Sri Paramahansa Yogananda, Sri Lahiri Mahasaya, die auf dem „Pepper“-Cover platziert waren – sondern wie stets die bekannten Alltagssorgen in „She´s leaving Home“, oder die Alternsorge in „When I´m Sixty-Four“ und die Ungewissheiten am Ende von allem und nach allen Wiederholungen, in „A Day in the Life“, dem Alltag, der in der Apokalypse endet.
Die *Beatles* sangen sentimental also bereits vom Abschied, als ihre Karriere mit diesem „Meisterwerk“ angeblich an einem „Höhepunkt“ war: aus einem erstickenden „Zuhause“, vom Altwerden mit der Angst, dann ausgestoßen zu sein, und vom Ende einer Welt, die nicht mehr voller „Neuigkeiten“ zu sein schien. So sehr man selber sich auch mühte – so sehr zugleich die Alternative der Innerlichkeit in dem Harrison-Lied „Within You, Without You“ propagiert wurde:

> [Vers 3:] „We were talking about the love/ that‘s gone so cold
> and the people who gain the world/ and lose their soul./
> They don‘t know,/ they can‘t see,/ are you one of them?
> [Chorus 2:] When you‘ve seen beyond yourself/ then you may find
> Peace of mind is waiting there/
> And the time will come/ when you see we‘re all one
> And life flows on/ within you/ and without you!”
> [Gelächter zum Ausklang]

Jugend

Was also war das Besondere an zu Guttenbergs Inszenierung eines „Großen Zapfenstreichs"? War es, dass alle wussten, dass er bei seinem „Werk", einer „Doktorarbeit" sehr ungewöhnlich „zitiert" hatte – und sich deshalb einen Abschied in „Ehren" plante?

Und alle wichtigen Menschen aus der Hauptstadt mehr oder weniger unfreiwillig im Hintergrund auftraten – so wie bei einem Selfie vor einer Konzert-Bühne?

War es, dass er sich – ausgerechnet beim Fortgehen – vermeintlich außerhalb stellte: weder noch Minister, noch schon „Hard-Rocker" – so wie *Deep Purple*, die 1971 auf einmal nicht mehr verschämt wie Möchtegern-Klassiker klingen wollten, sondern unverschämt, befreit, selbstbewusst?

War es wirklich nur dieser – wie aus einer Mottenkiste gezogenen – „Popmusik"-Titel „Smoke on the Water"? Oder dass offenbar kaum einer der rührungslosen Gäste oder der raunenden Kommentierenden irgendetwas mit dessen Text, seinen Umständen oder mit Pop-Musik anfangen konnte?

An der Musik selber konnte das öffentliche Erstaunen oder Aufsehen der Auswahl vor und beim „Zapfenstreich“ kaum gelegen haben – weltweit bekannt, aber in Deutschland 2011 immer noch ein Aha-Erlebnis? So wie Hendrix, der „Sgt. Pepper“ runterbratzte?

Für zu Guttenberg mochte es bedingt körperliche Entlastung versprochen haben: Einer, der gerade wegen seiner geklitterten Jura-Doktorarbeit zu „Verfassung und Verfassungsvertrag“ noch unliebsamer geworden war als nach seiner unvorsichtigen „Kriegs“-Äußerung, bekam in seiner Erinnerung an den Hit zumindest gerade noch ein paar Streicheleinheiten von zischelnden Hit-Hat-Sechzehnteln, sowie knackige Schläge auf die Snare-Drum bei der Zwei und der Vier, was in die müden Knochen fuhr. Das war in Deutschland fremd: nicht auf die Eins. Das „Musikkorps“ beherrschte dies nicht. So wie die Bundeswehr schon seit Jahrzehnten nur „Bedingt einsatzfähig“ war, was seinen Partei-Granden Franz-Josef Strauß (CSU) 1962 noch zur polizeilichen Besetzung der Spiegel-Redaktion gebracht hatte und nicht dazu, sich die *Beatles* live an der Reeperbahn anzuhören.

Kein Mitklatschen zwar beim „Zapfenstreich“ zu „Smoke on the Water“ – das sowieso in deutschen Bierzelten, beim „ZDF Fernsehgarten“ oder den endlosen „Schlager“-Abenden auf dem Mitteldeutschen Rundfunk regelmäßig daneben geriet. Kein Nachdenken. Kein gedankliches Mitzählen von in Afghanistan „gefallenen „Soldaten“, deren Ehrentafel unweit der „Widerstands“- Erinnerung gegen Hitler beim „Bendlerblock“ hing. Kein Härchensträuben. Kein Headbanging. Alles wie gelähmt, im Moment der Aufnahme eingefroren.

Der heilsame, körperliche Effekt durch Rock-Rhythmen trat offensichtlich beim „Zapfenstreich“ nicht ein. Kein Groove kam auf. Wer war schon bereit, aus dieser gesellschaftlichen Gruft aufzuerstehen, der es bis dahin geschafft hatte?

Während zu Guttenberg versteinert so vor Stahlhelmen und vor dem Publikum dastand, war um ihn sonderbare, totenstille Feierlichkeit – die Zeremonie lief rund wie eine Langspielplatte und leierte doch.

Dies war ein besonders kurioses „Selfie" – zwar von fremden Kameras geschossen, aber von zu Guttenberg so eingerichtet.
Es war irgendwie anders als die üblichen „Selfies", in denen der Blick pathetisch und meist grinsend nach oben gerichtet ist: Der scheidende Minister aber senkte bei der Marschmusik den Kopf, ein wenig reuig scheinend.
Das sagte nichts. Und doch alles: Ich war da! Es war viel los. Keiner hat mich noch bemerken wollen. Aber ich zeige es aller Welt: Ich bin noch da! Alles angekohlt. Schade auch. Aber ich habe noch ein Equipment und den Durchhaltewillen der *Deep Purple*.
Bei „Smoke on the Water" lächelte zu Guttenberg plötzlich vielsagend. Vielleicht lag es auch an der Performance und der Bräsigkeit, mit der die behelmten Musiker vortrugen. Seine Freunde erkannten ihn.
Der Hintergrund war von ihm gewagt gewählt. Da traten keine „Stars" auf wie bei einem Rock-Konzert, in deren Scheinwerferschatten sich ein Selfie-Schütze hätte sonnen können.
Es war alles verkehrt herum, aber genau so gedacht: Vorne stand steif der Möchtegern-*Purple*, hinter ihm nur seine Staffage aus „Ehrengästen".
Hätten vor der Tribüne nicht die Kameras gestanden, sondern ein Spiegel, wären beispielsweise die körperlich anwesende Bundeskanzlerin und Teile der politischen Elite zu Berlin darin für ihn nicht zu sehen gewesen.
Hätte der „Zapfenstreich" nicht traditionell am Abend, sondern beim ersten Sonnenstrahl begonnen worden, wäre zu Gutenberg verschmaucht.
Hätte er nicht „Smoke on the Water" gewählt, hätte es keinerlei Anlass für sein Lächeln gegeben mitten in dem martialischen Ritual der lebenden Toten.
All diese Bedingssätze waren für zu Guttenberg und seinen Auftritt gänzlich ohne Bedeutung. Am selben Tag ereignete sich übrigens die Atom-Katastrophe im japanischen Kernkraftwerk Fukushima Daiichi.

Bei dieser gruseligen Momentaufnahme in Gleichschaltung der nationalen Hauptsender wurde im, aber nicht mit Takt übergangen, dass und wie zu Guttenberg diese seine eigene Inszenierung angelegt und gestaltet hatte. Mit der ließ er sich ins Gedächtnis anderer seiner Art scheppernd einpauken.

Im Off jedoch war kaum noch jener tiefe Kratzer zu hören, dass der Mann gerade eben die akademische Ehre „seiner" Promotion, die er bis zuletzt tapfer „verteidigte", nach und nach (mit jedem weiteren Plagiats- statt Quellenbeleg) hatte aufgeben müssen. Das spielte schon in den Abschiedsworten seines Amtsnachfolgers Thomas de Maizière (CDU) vor den „höchsten militärischen Ehren" gar keine Rolle mehr – schon zuvor nicht, bei der Entgegennahme der Entlassungsurkunde beim Bundespräsidenten Christian Wulff (CDU), der ihm „neuen Erfolg" wünschte.

Nur womit? Und wodurch?

Die wichtigsten Pop-Songs waren offenbar schon geschrieben. Abschreiben würde sich nicht mehr lohnen. Und sie mitpfeifen signalisierte noch keine Bandzugehörigkeit.

Keiner, der am Tag nach diesem „Zapfenstreich" geboren wurde, würde sich vierzig Jahre später, 2051, beispielsweise das „Musikkorps" der (inzwischen vollständig für eine Beraterfirma arbeitenden) Bundeswehr zu seinem frühzeitigen Firmenabschied aufgrund von Buchhaltungsfälschungen wünschen.

Mit welchen Titeln auch?

Karl-Theodor zu Guttenberg hatte für seine Imagepflege beizeiten einen Song „zitiert", der selbst als Splitter kaum mehr in ein Mosaik des Pop passte, geschweige denn nachträglich zu einer „Parabel" aufstieg.

Er fügte sich allenfalls in ein Kaleidoskop des Kalendarischen: so wie eine Geburt, ein Abschied, ein Auftritt, ein Abtritt, Blech und viel Blech.

Signal

Kurze Zeit nach Hendrix-Auftritt im Marquee Club verulkte auch noch Frank Zappa das „Sgt. Pepper"-Album mit kruden Zitaten und Verfremdungen auf „seiner" LP „We're only in it for the Money" vom 4. März 1968.

Dies geradlinige „Konzeptalbum" war kein verkapptes Musical[19] wie die *Beatles*-Marketingmischung, sondern eine zubeißende Collage.

Allen Bildern der *Beatles* wurde darin zornig widersprochen.

---

19 Eine sehenswerte und damit zugleich Kompilation von dreißig *Beatles*-Titeln stellten Dick Clement und Ian La Franeis mit „Across the Universe" zusammen. Sie strickten 2007 entlang der realen Zeitläufte der Sechziger und Siebziger ein Filmmusical (Regie: Julie Taymor). Das Lexikon des internationalen Films nannte den Film „eine szenisch opulente, nostalgische Zeitreise mit mitreißenden Musiknummern und Auftritten von Stars wie Joe Cocker und Bono, in der das zeitgeschichtlich grundierte Sujet freilich weitgehend entpolitisiert wird." Vgl. Zeitschrift film-dienst und Katholische Filmkommission für Deutschland (Hrsg.), Horst Peter Koll und Hans Messias (Red.): Lexikon des internationalen Films, Filmjahr 2007, Marburg 2008.

Da gab es keine Träne zum nächtlichen Abschied von Zuhause, kein Zuschunkeln auf das Opa-Alter ab 64.
Die „Plastic Mom and Dad" standen im Mittelpunkt. Nahe waren mordende Polizisten auf dem Universitäts-Campus („The Cops have shot some Girls and Boys").
Und der Vietnam-Krieg kam mit den Söhnen zurück: als traumatisierte Bodentruppen in die amerikanischen, außerirdischen Vororte, die noch verschlafener waren als das London jener Jahre.
Die Helden darin waren bedauernswerte, wörtlich aus ihrem Leben in der Kleinstadt gerissene, aber nun nach Vietnam keineswegs mehr „jugendliche" Verrückte.
Sie sahen es überall nur noch um sich „brennen". Sie wollten selber abfackeln:

„We see them after school/ in a world of their own./
To some it might seem creepy/ what they do./
The neighbors on the right/
sat and watched them every night./
I bet/ you'd do the same/ if they was you./
Whizzing and pasting/ and pooting through the day/
Ronnie helping Kenny, helping burn his poots away./
And all the while/ on a shelf in the shed/
Kenny's little creatures on display.
Ronnie's in the army now/
and Kenny's taking pills./
Oh, how they yearn/
to see a bomber burn,/
color flashing, thunder crashing, dynamite machine!/
Wait/ till the fire turns green/
Wait/ till the fire turns green/
Wait/ till the fire turns green."

Dieser Titel beschrieb nicht nur. Er war vielmehr betitelt wie ein Aufruf: „Let´s make the Water turn black".
Das war – zusammen mit der Benennung der umtreibenden Umstände – aber alles andere als ein Entwurf einer „Gegen-Kultur". Es war Frank Zappas unbescheidene und doch – bloß mit seinen musikalischen Mitteln der Parodie aus Pop-

Themen und Stil-Zitaten – selbstbescheidene Antwort auf die – wenn auch so „heile", so doch brüchige, lediglich vom Sound glatt gebügelte – „Welt" des „Sgt. Pepper".

Da wurde das Publikum nicht so uneindeutig wie in „Lucy in the Sky" aus der „Pepper"-Mischung angesprochen, sich einfach mal etwas Schönes mit bunten, vielleicht sogar mit blauen Vögeln vorzustellen:

„Picture yourself in a boat on a river!"

Frank Zappa berichtete vielmehr ungeschönt, was er zu der Zeit sah – und tat gleichwohl so, als müßte er das Publikum, weil es doch ein simpler Pop-Song war, einerseits von dieser Wirklichkeit erst noch überzeugen. Andererseits erzählte er wie ein guter Märchen-Onkel („from a long time ago"), der den Kindern bitter Böses mitzuteilen hat:

"Now believe me/ when I tell you/ that my song is really true.
I want everyone/ to listen and believe.
It's about some little people/ from a long time ago
and all the things/ the neighbors didn't know."

Dass sie Zappa auf dem Parodie-Album zu „Sgt. Pepper" so hören mussten, war für die *Beatles* wohl ein härterer Schlag als zuvor der lautstarke Hendrix-Auftritt – tiefer als der für Deep Purple, dass sie Frank Zappa nicht mehr zuhören konnten.

Zumal Paul McCartney in Interviews als Motivation für „Sgt. Pepper" ausgerechnet Frank Zappa und dessen Album „Freak out!" (1966) angab. Als musikalisches Motiv nannte er die – fälschlich von „Jugend"-Magazinen als Surfer-Sonnyboys etikettierten – *Beach Boys* mit „Pet Sounds" (ebenfalls aus 1966).

Was hätten also die „Fab Four" beschrieben, wenn sie anstelle der *Purple* 1971 in Genf dabei gewesen wären? Und wenn im Text nicht nur vordergründig der wabernde Rauch überm Wasser von dem Geschehen übrig bleiben sollte, sondern ihre Zerreißprobe mit dem Publikum in einem Song verarbeitet worden wäre? Fans, die sie mit Liebe erdrückten:

„All you need ist love".

Hätten sie dann doch überhaupt noch das „Weiße Album", am Ende mit dem mobilen Street-Fighting-Man-Equipment der *Rolling Stones* aufgenommen? Kein „Meisterwerk" mehr, so wie „Sgt. Pepper", aber auch kein „Classic Rock" – sondern ein mehr oder weniger radikaler Stilwechsel, wie ihn *Deep Purple* mit „Machine Head" vollzog: Der sanfte, verträumte Titel „Lucy in the Sky with Diamonds" beispielsweise wäre vielleicht auch mit harten Gitarren-Riff statt Cembalo-Klängen als überraschender Opener geeignet gewesen.
Er hätte von einem Alptraum auf einem Fluss statt an einem See erzählen können, von einem durchgeknallten Mann, der dort seine Freundin „Lucy" erschießt:

„Picture yourself in a boat on a river/
With tangerine trees/ and marmalade skies.
Somebody calls you,/ you answer quite slowly./
A girl with kaleidoscope eyes."

Aber so kam es nicht, weil die *Beatles* für diese Art der popmusikalischen Auseinandersetzung schon nicht mehr in der Lage waren. Ausgerechnet „Freak out!" als Vor-Bild für das hippieeske „Sgt. Pepper"-Album zu nennen, zeigte zwar eine gewisse Toughness in der Außendarstellung. Aber auch, dass sie sich eben gerade nicht mit Songs wie „How could I be such a Fool?", der sich über Selbstmitleidige lustig machte, oder der Ballade „Any Way the Wind Blows" über eine zerbrochene Ehe, auseinandergesetzt hatten. Die *Beatles* scheuten sich offenbar – so wie die von Zappa ein Jahr zuvor gescholtenen Fans – den Song „You're probably wondering why I'm here" auch auf ihre Band zu beziehen.

"I think your life is incomplete./
But maybe that's not for me to say/
they only pay me here to play."

Sie hatten sich doch ausdrücklich mit dem „Sgt. Pepper"-Album vor der erdrückenden Nähe des Publikums ins Studio zurückgezogen.
Gleichwohl war diese Realität von ihnen ebenso wenig abgebildet worden, wie später das Geschehen in Genf von *Deep Purple*.

Konnte sie danach dann überhaupt noch die Pop-Kritik Zappas an der „Sgt. Pepper"-LP treffen? Sie gingen zuvor in Deckung. Sie verkleideten sich für das „Sgt. Pepper"-Cover im bunten „Flower-Power"-Look und stellten einige ihrer vermeintlichen Bezugspersonen wie Pappkameraden neben sich auf, so tot wie sie bereits bei Madame Tussauds in London standen: unter den vielen „Freunden" waren Johnny Weismüller, Karl-Heinz Stockhausen, Marilyn Monroe, Karl Marx, ein wegretuschierter Ghandi, Alberto Vargas, Sonny Liston, Albert Einstein und Shirley Temple mit einem Sweat-Shirt „Welcome the *Rolling Stones*".
Frank Zappa gehörte nicht zu dieser Ansammlung, obwohl er doch von Paul McCartney genannt worden war.[20]
Vor allem aber fehlte das Publikum, das nicht mal als Referenz oder Inspiration erwähnt worden war.

Die Beatles standen stolz inmitten ihres eigenen Gedanken-Museums, neben sich sogar sie selbst. John, Paul, George und Ringo aus Wachs.
Und irgendwo hinten auch Stuart Sutcliffe, der zur Ur-Band gehörte und den sie in Hamburg hinter sich gelassen hatten.
Er starb bereits am 10. April 1962 in einem Rettungswagen auf dem Weg ins Krankenhaus, an seiner Seite die Fotografin Astrid Kirchherr, die während der Reeperbahn-Zeit das erste Image der Beatles hin zu den „Pilzköpfen" geprägt hatte.
Vielleicht war das „Sgt. Pepper"-Cover auch bloß die reale Umsetzung eines Traums in ein Foto, gewissermaßen in einem frühen „Selfie": Die *Beatles* waren es in jenem selbst inszenierten Bild, die einen kaleidoskopischen Blick hatten, ohne Lucy mit im Boot.
Sie kehrten der Welt den Rücken zu, sammelten die ihren „um sich" und schienen zu sagen: Wir waren da!

---

20 Das Album „We're only in it for the Money" präsentierte außen die Mothers in tuntiger statt militärischer Kostümierung, in ihrer Mitte Jimmy Carl Black, ihr Quoten-Indianer. Das Cover antwortete sarkastisch auf die *Beatles*: Anstelle von Sonny Liston stellte Zappa seinen Freund Jimi Hendrix neben sich.

Es war viel los. Alle wollten uns sehen. Aber wir zeigen uns der Welt nicht mehr. Wir waren lang genug dabei! Mit einer kleinen Hilfe all unsrer Freunde.
Das Cover-Bild zeigte dies in gewisser „Authentizität", mit manch Ironie und viel Wachs, egal wer diese Typen auf dem Foto waren. Wer wusste das denn schon! Wen störte es?
Ansonsten war ja prismatische Musik voller Wunder mit einem ausgefeilten Stereo-Klang zu hören.
Nicht alle konnten auf diesem Selfie „dabei" sein. John Lennon hatte sich angeblich auch Jesus, Elvis Presley und Adolf Hitler für das Kunstwerk gewünscht. Der für die Aufnahme bereits aufgestellte Papp-Hitler wurde nicht verwendet, da auf einmal Bedenken aufkamen, dessen flaches Abbild könne den Nationalsozialismus verherrlichen. Ein zweidimensionaler Jesus wurde erst gar nicht aufgeboten, weil John Lennon zwei Monate zuvor mit dem Satz „Wir [die *Beatles*] sind populärer als Jesus" schon unfreundlichste Reaktionen geifernder, offenbar neidischer Reaktionäre ausgelöst hatte.[21]

Frank Zappa machte sich über eben diese Beliebigkeiten und den Stilwechsels (beispielsweise vom „Flower-Power-Pop" zum „Psychedelic-Sound") und die damit einhergehende Inhaltsleere und die fortgesetzten Oberflächlichkeiten lustig.[22]
Nicht nur am Beispiel der *Beatles*. Auf „We´re only in it for the Money" benutzte er im zehnten Titel der A-Seite, „Flower Punk", die Akkordfolge und das Frage-Antwort-Schema, genau so wie Jimi Hendrix den Folksong-Klassikers "Hey Joe" erfolgreich interpretiert hatte:

---

21 Ein halbes Jahrhundert später wiederholte die CDU diese Hysterie mit dem Rezo-Effekt. Die konservative Partei ängstigte dessen Popularität in Klickzahlen, die eine abgewirtschaftete „Volkspartei" ohne nennenswerten Jugendanteil offenbar mehr beunruhigte als die eigene Scheinheiligkeit.

22 Ein Jahrzehnt später parodierte die Fake-Band *The Rutles* zusammen mit George Harrison, der mit seiner Firma „Handmade Films" die „Mockumentary" „All you need ist cash" produzierte, noch einmal das „Meisterwerk" der Beatles. Als dessen musikalische Bezüge wurde darin u. a. die britische Band *Punk Floyd* genannt.

„Hey Punk,/
where are you going/ with that flower in your hand?/
Well I'm goin' up to Frisco/ to join a psychedelic band."[23]

Jimi Hendrix hatte – wie seine zahlreichen Vorgänger, beispielsweise 1961 William Moses „Billy" Roberts – den Text, nur leicht verändert, gesungen:

„Hey Joe,/
where're you goin' with that gun in your hand?/
Hey Joe, I said/
where you goin' with that gun in your hand?/
Alright./
I'm goin down to shoot my old lady/
You know I caught her messin' 'round with another man."

Nur schoss ein vermeintlich Gehörnter in Genf nicht seine „old lady", sondern zielte auf den (oder jeden) „anderen Mann", Frank Zappa.

Der Song „Hey Joe" wurde nicht zum „Klassiker", weil er chauvinistische Dummheit und das Dabeistehen so dümmlich wie den Selfie-Ismus zelebrierte, sondern weil er die Teilnahmslosigkeit bloßstellte, die sich als fassungslose Anteilnahme tarnte: Da weiß jeder, einer zieht los, um eine Frau zu töten – und keiner hält ihn auf.

Was war da in der „Pop-Kultur" zum Ende der Sechzigerjahre bloß los, das so wild aufeinander Bezug genommen, mit Gitarre geheult oder auf ganzen Alben kreuz und quer mit- und gegeneinander zitiert wurde?

War diese andere Art der Auseinandersetzung spätestens mit den Siebzigerjahren schon wieder verschwunden – gerade als *Deep Purple* robusten Rock ohne Ecken entdeckten.

Und die *Beatles* schon ihre eigene „Geschichte" waren, die bald schläfrig leiernd zur „Ballad of John and Yoko", ein Bett-Geschichtchen, schrumpfte?

---

23 Ein Jahr später tauchen diese Zeilen, wiederum verfremdet, in dem Joni Mitchell Song zu „Woodstock auf: „I'm going on down to Yasgur's Farm/ I'm gonna join in a rock and roll band," antwortet da kein Punk, sondern bloß ein „Kind Gottes".

“Drove from Paris/ to the Amsterdam Hilton./
Talking in our beds for a week.
The news people said:/
´Say, what you doing in bed?’/
I said:/ ´We‘re only trying to get us some peace´!
[Chorus:] Christ,/ you know it ain‘t easy./
You know/ how hard it can be./
The way/ things are going/
they‘re going/ to crucify me.”

Leben

Aber warum entdeckte zu Guttenberg erst vierzig Jahre nach „Smoke on the Water" ausgerechnet „Pop-Geschichte" für sich in Form eines „Rock-Klassikers"? Eine einzige, kleine Geschichte zumal, von einem tatsächlichen „Joe", diesmal bei Genf.

So einer wie er schon in all den Jahrzehnten davor aufgetreten war, lange bevor die anderen immer noch wegsahen, wenn etwas in bürgerlichen Bahnen ganz schief und Eifersucht zu einer Frage der „Ehre" verklärt wurde.

War es zu Guttenberg tatsächlich also um die Bewahrung und gleichzeitig die Ablehnung der von ihm angeforderten Traditions-Inszenierung „Zapfenstreich" gegangen?

Die Vermutungen der Kommentierenden war so gegelt wie jener Mann, den sie damit indirekt zu porträtieren glaubten, offenbar ohne ihn genau anzusehen.

Er war ja noch ein „junger Mann", so viel meinten Kommentatoren immerhin sicher zu erkennen, vierzig Jahre alt, so wie „Smoke on the Water". Doch was hatte diese angebliche Jugend mit „Pop-Kultur" oder deren Wachsen zu tun?

Was die „Scheibe“ mit einer womöglich runden Welt? Man musste sich nicht mit der „Popmusik-Geschichte“ auskennen. Aber warum taten Journalisten dann so als ob sie es könnten?

Am Tag seiner Geburt hätte zu Guttenberg in der Wiege vielleicht als „Nummer-Eins-Hits“ Issac Hayes mit „Shaft“ hören können, oder *Sly an the Family Stone* mit „Family Affair“ sowie Cher mit „Gypsies, Tramps & Thieves“ – doch was hätte dies mit einem Kind gemacht, das noch Doktor des Rechts und Minister für Technologie und später für Verteidigung werden sollte?
Noch sorgten sich damals Pädagogen und Religionskundler gleichermaßen um die Seelen „der Jugend“, die mit dieser sich zunehmend ausbreitenden Musik konfrontiert war. Die Chorknaben drohten auszugehen.
Gute Mädchen wie Maike Richter hängten in den Siebzigerjahren lieber ein Helmut-Kohl-Poster in ihrem Zimmer auf – statt beispielsweise von David Bowie.
Die Hohezeit „des Pop“, wie er seinerzeit von „Erziehungsberechtigten“ auf die Auffälligsten eingegrenzt wurde, neigte sich ihrem Ende zu. Die angeblich „wilden“ Zeiten, die mit ihren LPs vergoldeten Jahre, waren schon zu lange zu „Rock-Legenden“ geronnen.
Dass später einer wie der „wilde“ Graf zu Guttenberg schon mit Vierzig am Ende „seiner“ Karriere stand, gehörte nicht zu diesem Lebensgefühl des „Brennens“ an „beiden Enden“, „für die Sache“ oder sonst irgendwas.
Als zu Guttenberg gerademal Zwölf wurde, war die Ernüchterung der Jugend, jedenfalls außerhalb von Bundestagsparteien, oft bereits genau so lähmend wie in deren „inneren Zirkeln“. Helmut Kohl (CDU) hatte die Kanzlerschaft mit einer SPD-Abgeordnetenstimme und „Spenden“ der Industrie erkauft. Und westdeutsche Platten-Firmen träumten von einer „neuen deutschen Welle“, die mit spaßigen Liedern Cash machten, so als wäre London gleich nach den *Clash* in der No-Future-Welle längst untergegangen.

Mag sein, dass zu Guttenberg in seiner Pubertät beispielsweise „Ein bisschen Frieden“ hörte, mit dem die Teenagerin Nicole am 24. April 1982 als erste Deutsche den „Eurovision Song Contest“ noch vor der Pop-Nation Großbritannien in Harrogate gewann.
Oder auch „Ich will Spaß, ich will Spaß – ich geb´ Gas“ vom einem westdeutschen Pop-Idol wie Markus, am 7. Juni 1982 aus dem Transistor-Radio, vielleicht von Kassette von einem Walkman unterwegs im Wald oder sogar, zurückgekehrt aus dem elterlichen Forst, schon von CD:

„Ich schubs die Enten aus dem Verkehr./
Ich jag´ die Opels vor mir her!/
Ich mach´ Spaß/
ich mach´ Spaß,/ ich mach´ Spaß
Und kost´ Benzin auch drei Mark zehn!/
Scheiß egal,/
es wird schon gehn./
Ich will fahren/
ich will fahren,/ ich will fahrn!/
Ich will Spaß,/ ich will Spaß/
Ich will Spaß,/ ich will Spaß!
Ich geb´ Gas,/ ich geb´ Gas!“

Die „Heimat“ und das Sentiment spülten mit der „neuen deutschen Welle“ Gedanken an eine Änderung, ein Brechen mit den Umständen fort.
Sollten zu Guttenberg wochenlange Hits wie „Currywurst“ oder „Männer“ von Herbert Grönemeyer ohne Ekel durch die Pubertät bringen?
Heinz-Rudolf Kunze, der am Rande der Ersten Pop-Dekadentagung in Würzburg sich für den Nachwuchspreis der Deutschen Phono-Akademie beworben hatte, landete am 25. Oktober 1985 seinen ersten und letzten Hit,[24] „Dein ist mein ganzes Herz“:

24 Er habe, „nach eigenen Angaben, mittlerweile fünftausend Texte geschrieben, vermerkte „Wikipedia“ in 2019 ungewohnt mokant. Neunzehnhundert seien veröffentlicht worden. Eine „deutsche“ Leistung weit über Weltniveau.

„Was sind das bloß für Menschen,/ die Beziehungen haben?/
Betrachten die sich denn als Staaten?/ Die verführen sich nicht,/
die entführen sich höchstens,/die enden wie Diplomaten.
Wo du nicht bist,/ kann ich nicht sein.
Ich möchte gar nichts andres/ ausprobieren
Wir sind wie alle andern/ denn wir möchten heim.
Es ist fast nie zu spät,/ es zu kapieren.
Dein ist mein ganzes Herz,/Du bist mein Reim auf Schmerz.
Wir werden wie Riesen sein. Uns wird die Welt zu klein."

Da war zu Guttenberg gerade mal Vierzehn und immer noch dahoam. Die gesellschaftlichen Perspektiven schienen spätestens mit der „No Future"-Szene ab dem Ende der Siebziger stetig und rasant zu schwinden, obwohl eine Generation die andere ablöste, ohne dass einer wie zu Guttenberg sie überhaupt bemerkt hätte: Die „Generation X" vor zu Guttenbergs Geburt ging nahtlos in die ur-deutsche, gesättigte „Generation Golf" über, um dann völlig desorientiert zur „Generation Y" („Generation Why") zu mutieren, der Karl-Theodor vom Alter her eher zugehörte. Who?

Das war nicht schön. Es war wie ein Kreis. Bestenfalls ein erlauchter. Aber wer wollte da schon dabei gewesen sein, der es nicht ohnehin war?

Wie sich die Zeiten weit abseits der „großen Politik" – auch in „sleepy" Deutschland – änderten, erzählte der existenzialistische Pop-Musiker Kevin Ayers immer wieder, bevor die „trend"-settende Buchstabiererei der Generationen von angeblich die „Zukunft" erforschenden" Journalisten – von Mathias Horx bis Florian Illies – überhaupt lukrativ los ging.

Späterhin ging es dann nicht mal mehr um die behaupteten sozialen Zusammenhänge einer „Generation", sondern um deren mediale Umgangsformen und -bedingungen, beispielsweise bei Oliver Leitert und Theo Rühle, die 2011, dem zu Guttenberg-Jahr, einige Aufsätze unter dem Etikett „Generation Facebook – über das Leben im Social Net" herausgaben.

Was war dagegen der Alltag?
Nach den ersten brutalen Schritten zur Zerstörung des Sozialstaates unter der Führung der „Eisernen Lady" Margaret Thatcher[25] (und somit zu Beginn der von Konzernen wie Krupp gekauften „Kohl-Ära" in Deutschland) besang der stets schmunzelnde Keivin Ayers beispielsweise das neue Rezept zum Durchhalten und Obenauf sein: „Champagne and Valium". Wo früher „Cocain" ganzen Generationen half, die Spur zu halten, mixte man sich auf Kosten der Krankenkassen und mit augenscheinlichem „Erfolg" einen Pharmazie-Party-Cocktail. Das heiterte auf und sedierte zugleich angenehm bis zum Kreislaufkollaps.
Nachdem Kevin Ayers sich 1987 aus dem „neo-liberal" verwüsteten England ins abgelegene „Künstlerdorf" Deia in die mallorcinischen Berge zurückgezogen hatte, nannte er sein nächstes Album „Deia Vu". Er spöttelte darin über die dortigen, drögen Wochen-Enden: „Another Saturday Night in Deia" handelte von einer typischen Dorfdisko, wo Teenagerinnen vor der Türe noch den Mond anheulten und Jungs im Geburtstagsanzug an der „Bar" auch ohne Champagner rumstanden bis sie umkippten.
Und mitten in diesem swingenden Song ein Rhythmus- und Sound-Break: mit einem fetzig angedeuteten Motiv, das an „Smoke on the Water" angelehnt war.
Auf wen Ayers damit anspielte, war so klar wie das – wie ein deja vu – eingestreute Riff.
Aber auf was spielte er an, das nicht schon durch „Smoke on the Water" als sinnlosen Verweis an Frank Zappa inzwischen jegliches Gewicht verloren hatte?

---

25 Was dies pop-kulturell bedeutete, erzählte zugespitzt und feinnervig das typisch britische Sozialdrama „Billy Elliot – I will dance" (2000), der Debütfilm des Regisseurs Stephen Daldry (Drehbuch von Lee Hall). Während des britischen Bergarbeiterstreiks 1984/1985 versucht die Familie Elliott gegen die Regierung, Polizei, Arbeits- und Perspektivlosigkeit anzukämpfen. Billy, der Kleine, der Boxen lernen soll, interessiert sich aber plötzlich fürs Ballett – unterlegt mit Musik von T. Rex, *The Clash*, *The Style Council* u.a.

Denn mittlerweile beherrschten eben nicht mehr „Hard-Rocker" wie *Deep Purple* und ihr „Speed King" die Diskos in aller Welt bis Meckelfeld, sondern die Bee Gees mit ihrem Schmalz schmelzenden Falsett-Gesang – ausgerechnet zu einem Groove und Klängen, die sie bei Schwarzen in Nord-Amerika „ausgeliehen" hatten. Erste deutsche Party-Touristen zog es an den „Ballermann" in Palma de Mallorca und nicht fernab nach Deia. Sie hörten dort in der „Schinkengasse" Schlager und deutschen „Pop", was und wie sie es auch zu Hause hörten, in abgegrabbelter Karnevalsqualität, wie olle Kamellen. Ein „Zapfenstreich" war in komatösen Nächten unter dem Mittelmeerhimmel nicht zu erwarten.
Der melancholische Kevin Ayers sang aber nicht nur von irgendeiner „Disco" oder Kneipe, ob in Dortmund oder in Deia, nicht von Drogen und Exzessen. „Sein" Deja-vu bezog sich nicht auf eine vermeintliche „Generation", für die „Party machen" der Ersatz für ein erfülltes Leben war (und ist), so wie „Selfies" bei ihnen als Seelenpolaroids versendet wurden. Es hat die die bisherigen inszenierten, rituellen Erinnerungsbilder mit anderen Menschen abgelöst.
Kevin Ayers musste weder Frank Zappa, noch Jimi Hendrix oder die *Beatles* zitieren, um etwas über und von sich zu erzählen, was seine Zeit als Pop-Musiker in den Siebzigerjahren ohne Selbstmitleid oder Anklage abschloss.
Tatsächlich war Deia für ihn kein Ort des Rückzugs und der Rückbesinnung, sondern ein merkwürdiges Museum voll Melancholie. Fernab der Pop-Party-Szene in der Insel-Hauptstadt betranken oder ereiferten sich dort einst gefeierte Gitarrenhelden wie Olly Halsall von *Patto*, einer anfangs distinguierten Jazz-Rock-Formation, oder Jimmy Page von *Led Zeppelin*, einer legendären Band, die sich wie *Deep Purple* bald nach dem großen Erfolg getrennt hatte, deren Mitglieder sich aber selbst treu blieben. Manche ließen ihr Equipment als Leihgabe für Sessions stehen. Falls mal ein „Sgt. Pepper" käme und in dieser besonderen Konzertmuschel alte *Beatles*-Gassenhauer angestimmt würden, die hier womöglich plötzlich Sinn ergaben...

Unweit, im Hotel La Residencia von Richard Branson, der seine erste Millionen mit dem früheren Bassisten der Ayers Band, Mike Oldfield, verdient hatte, nächtigten oft schon fast vergessene „Stars“ wie der Sänger Robert Plant von *Led Zeppelin.* Solche Geschichten kolportierte der frühe „Sounds“-Journalist und spätere „Rolling Stone“-Chefredakteur Jörg Gülden gern, wenn er wieder in seinem kleinen Büro nahe der Hamburger Straße die Gitarre in die Hand nahm und ein paar Akkorde anschlug, dass der Kofferverstärker wackelte.

Kevin Ayers ironisierte bereits 1972, ein Jahr nach „Smoke on the Water“, das erwähnte Paradoxon des Pop-Ruhms: Nur wer „früh“ – am besten mit 27 Jahren – starb (so wie Jimi Hendrix oder Jim Morrison), wurde als „Star“ so gut wie ewig, also vielleicht bis zum übernächsten Jahr vergöttert. Wer klaglos weiterlebte und sogar die 64 Jahre überschritt wie Paul McCartney, der Sänger des Songs „When I´m sixty-four“, der hatte allerdings, schon biologisch, keine Chance mehr, noch „jung“ zu sterben – „Too old to die young“, wie Kevin Ayers sang.
Und dann noch mit Pauken und Trompeten und zudem erst mit Vierzig „verabschiedet“ zu werden wie zu Guttenberg – das war wie eine übereilte Einäscherung nach einem Wadenkrampf.

Deutsch

Man kann Karl-Theodor zu Guttenberg nicht vorwerfen, dass er vielleicht nicht wusste, was lange vor seiner Zeit geschehen war, geschichtlich zumindest pop-geschichtlich oder diskursiv für die Werte einiger in der Gesellschaft, „from a long time ago, and all the things/ the neighbors didn't know."

Geschichtchen reichten ihm offenbar. Er wusste ja auch nicht, wie eine Doktorarbeit – trotz seines in der Promotion dokumentierten Unwissens – gelingen konnte.

Auch die *Beatles* ahnten ja scheinbar nicht, was sie mit ihrer Entfremdung durch die seinerzeitige Popularität auslösen würden.

Sie hätten Zappa statt ihn bloß unverstanden zu zitieren, zu verstehen versuchen sollen.

Ihr Rückzug ins Studio und damit das Aufgeben des körperlich expressiven Bandmusizierens, das sie so populär gemacht hatte, warf sie zurück auf Formen, die vor ihrem Erfolg populär waren. Das „Sgt. Pepper"-Album mischte gefälligem Swing, New Orleans „Jazz" und Schnulzen mit ein paar psy-

chedelischen und pseudo-indischen Klänge sowie einer Prise aufgetragener Innerlichkeit. Sie besiegelten so – mit einem vermeintlichen Neuanfang durch eine Ehrenbezeugung für die Musiktraditionen – ihr eigenes Ende.
Es folgte noch die Resteverwertung der bereits vor und für „Sgt. Pepper“ aufgenommenen Stücke in „Yellow Submarine“ nach demselben Muster, aber mit einer Vermarktung als Film-Comic.
Dann blieb nur noch mit letzten Zuckungen das Leichentuch des „Weißen Albums“. *The Beatles* waren an und mit sich und in der Pop-Kultur eingegangen.
Mit „Machine Head“ warfen *Deep Purple* demgegenüber die dominante musikalische Tradition über Bord, das Anbiedern an die vermeintlich „ernstere“ Klassik, die sie auf den weniger erfolgreichen Alben davor als billigen „Classic Rock“ weniger „gepflegt“, als vielmehr wie Plagiatoren bemüht hatten.
Das rockig rauhe „Smoke on the Water“ schien ihr Neuanfang zu sein.
Vielleicht war es typisch deutsch zu fragen, welcher der beiden Wege der richtigere oder zumindest der erfolgversprechendere war.
Aber genau das machten etliche deutsche Rockmusiker.

Nach genau der Vermarktungsmasche von „Sgt. Pepper“ hatte, fünf Jahre später, beispielsweise der deutsche Jazz-Drummer Udo Lindenberg seine „eigene“ Karriere als „Rockmusiker“ gerade erst begonnen, nach einer Reihe gelobter, aber wenig erfolgreicher Band-Versuche.
In „Alles klar auf der Andrea Doria“ ironisierte er 1973 in einer nasalen „Sänger“-Pose seine pop-geschichtlich altbackene Herkunft:

„Bei Onkel Pö/ spielt ‘ne Rentnerband/
seit zwanzig Jahren/ Dixieland./
‘N Groupie haben die auch,/
die heißt Rosa oder so/
und die tanzt auf ’m Tisch/
wie ’n Gogogo-Girl.”

Der erste „deutsche“ Pop-Star begann seine Karriere in West-Deutschland zwar scheinbar mit einem spöttischen Songtext über die Altvorderen – musikalisch aber ohne eigenen Stil oder gar irgendeinem „Bruch“, auch nicht so direkt ein Plagiat, aber auch keine lebensprägende oder weltbewegende Idee.[26]

Udo Lindenberg lebte damals immerhin erst noch in einer „Wohngemeinschaft“ (WG), unter anderen mit Otto Waalkes und Marius Müller-Westernhagen, allerdings in einer schmucken Villa mitten im besten Viertel Hamburgs.

Dies war erkennbar keine „Gegen-Kultur“, ebenso wenig wie ein Adelssitz im hintersten Wald.

Seine Rockband hieß gleich hochtrabend „Orchester“. Wechselnde Miet-Gitarristen sorgten für Dampf unterm Kessel, damit der Bandname dadurch halbwegs ironisch klang.

Lindenbergs improvisiertes Outfit passte zwar zu der sutschen „Hamburger Szene“, wie sie bald von Feuilletonisten ratlos geographisch benannt wurde, nicht aber zu dem seinerzeitigen Rollenspiel der internationalen Bands, die „Sgt. Pepper“-Kostümierung längst ablegt und fetten Flitter aufgetragen hatten. „Glitter-Rock“ und die Bowies Geschlechtsambiguität waren international interessant.

Udo Lindenberg kam hingegen in Hamburg wie ein Touristen neppender Barkassen-Kapitän an Bord – oder wie ein tölpeliger „Sgt. Pepper“, kurz vorm Abtauchen vor den Blaumiesen.

In Ost-Deutschland half ihm 1983 das musikalisch rücksichts- wie sinnlose Zug-Riff aus „Chattanooga Choo Choo“. Für ihn erklang das entliehene Swing-Motiv für einen erfundenen „Sonderzug nach Pankow“.

---

26 Gleichwohl ließ sich Udo Lindenberg „Patente“ für dies und das eintragen, beispielsweise für die Wortmarke „Panik-Orchester“ (Registernummer 1051464), die nach zwanzig Jahren am 2. September 1982 auslief und von ihm am 1. Februar 2012 erneuert wurde (bis 28. Februar 2022, Registernr. 302012012257). Überhaupt wurde „Panik“ (Registernr. 302012012256) bis zum 1. Februar 2012 für ihn reserviert und auch die Marke „Hinterm Horizont geht's weiter“ (Registernr. 302009069255) blieb ihm bis zum 30. November 2019) vorbehalten.

In Klein-Udos Phantasie wartete der „Genosse Honecker“ dort schon in Lederjacke („heimlich als Rocker“) auf ihn. Im Westen erreichte er damit eine wochenlange Hitparaden-Notierung. So lustig waren die Vorurteile über gehemmte „Ossies“:

> „Honey, ich glaub',/ du bist doch eigentlich auch ganz locker/
> Ich weiß,/ tief in dir drin,/ bist du eigentlich auch 'n Rocker./
> Du ziehst dir doch heimlich auch gerne mal/ die Lederjacke an/
> Und schließt dich ein auf 'm Klo/ und hörst West-Radio“

Warum sollte zu Guttenberg dann nicht auch heimlich eine Lederjacke im Schrank haben?
Da war es noch keine zwanzig Jahre her, dass viele Jugendliche in Hamburg, Gronau oder München ohne Parteimaßregeln kein „West-Radio“ mehr hörten – sondern unter der Bettdecke oder „auf 'm Klo“ nach Sendern suchten, die ihre Eltern ihnen so lange verboten hatten.
Und sogar Lindenbergs bekannte Ode an die Freunde war nur schlampig zitiert, blaumies geklittert und zeitlos an Klischees anknüpfend: Sein Song „Reeperbahn“ aus 1978 war musikalisch ein billiges Plagiat des *Beatles*-Titels „Penny Lane“ und textlich ein Offenbarungseid:

> „Ich höre Opern in Bayreuth./
> Da fehlt mir eine Kleinigkeit/
> und irgendwie bin ich wieder so traurig.
> Ich weiß nicht, warum ich nicht so richtig happy bin/
> Und nach 'ner Weile kommt's mir wieder in den Sinn./
> Da gibt es so 'nen Boulevard./
> Die Große Freiheit auch ganz nah/
> und ich weiß, mich zieht 's zum Kiez.“

In der armseligen Hafengegend von Liverpool waren die Jungen, aus denen später die *Beatles* wurden, von Pubs lediglich für die Mittagsstunden engagiert.
Sie störten diese Pausen für Hafenarbeiter und Arbeitslose kaum, sondern sie begleiteten deren Trinken unterhaltend und weniger therapeutisch.

Romantisch war ihr Wechsel in den dreckigen und kriminellen „Kiez“ St. Pauli, mit Gewalt, Suff, Drogen und Prostitution in Hamburg-Altona gewiss nicht. Keine Sehnsucht, kein Boulevard, sondern gebrochene Träume. Die späteren *Beatles* schliffen „ihre Musik“ erst in stunden- und nächtelangen Auftritten, immer im schwitzigen Kontakt mit dem fassungslosen deutschen Publikum.
Auch ohne Single oder Langspielplatte, also auch Radio-Verwertung, wurden sie mittels ihrer zähen Bühnenarbeit so „populär“, dass bald ihr Matratzenlager ausgerechnet hinter einer Kinoleinwand verlassen konnten, weil nun auch außerhalb Hamburgs ihre Auftritte gefragt waren.
Im „Onkel Pö“, einer rumpeligen Eckkneipe im schnieken Eppendorf, trafen sich über ein Jahrzehnt später nach Feierabend keine Hafenarbeiter oder Rumhänger, sondern Rundfunkredakteure vom NDR, Plattenfirmen-Fuzzies und hochnäsige, käsige „Szene“-Gänger, die sich „Vorwärmen“ wollten für die Nacht in edleren Bars und Clubs mit Koks im Klo.
Das dreckige St. Pauli war längst nur noch das große Stundengeschäft während der Stoßzeiten.[27]

So wie Udo Lindenberg sich das Leben als Rockmusiker ausmalte und er auftrat, bezichtigte ihn niemand, zu einer „Gegen-Kultur“ zu gehören.
Es reichte allenfalls noch hin, um die snobistischen Gäste an der Bar im feinen, aber seinerzeit arg morbiden „Hotel Atlantik“ zu erschrecken, wo er bald seinen Wohnsitz nahm.
What can a poor boy do?
Es hätte insofern auch keinen stilistischen, biographischen

27 Seit Jahren wurde das „Reeperbahn-Festival“ zum Markenzeichen der früheren Musikerinitiative „Rockcity e. V.“ und zum sinnfreien Aushängeschild Hamburger Tourismus-Werbung. Es lockt zum Saufen und „Abrocken“ in die ehemalige „Musik-Metropole“, die früher mit zahlreichen Plattenfirmen-Dependancen lockte. Dann gingen die Lichter nach falschem Management aus, aber die „Party“ mit „Live“-Acts begann.
Das Montreux-Jazz-Festival wurde ehedem vom Fremdenverkehrsdirektor Claude Nobs geleitet und wird bis heute vom Marketing bestimmt. Aber der qualitative Unterschied ist im Vergleich mit dem Hamburger Weg evident.

und pop-geschichtlichen Sinn gemacht, beim „Zapfenstreich“ des deutschen Ministers zu Guttenberg zur allgemeinen Erbauung Berliner Politiker oder als „Parabel“ beispielsweise dessen „Hinterm Horizont geht weiter“ vom Militär anstimmen zu lassen:

> „Alle Straßen endlos./ Barrikaden gab ‘s für uns doch nicht.
> Du und ich/ das war einfach/ unschlagbar./
> Ein Paar/ wie Blitz und Donner/
> und immer nur/ auf brennend heißer Spur. [...]
> Bis es dunkel war/ und dann war ’s passiert.
> Hab es nicht kapiert/ ging alles viel zu schnell.
> Doch Zwei wie wir/ die können sich nie verlier’n!
> Hinterm Horizont geht ‘s weiter/ ein neuer Tag!
> Hinterm Horizont immer weiter,/ zusammen sind wir stark!
> Das mit uns ging so tief rein/ das kann nie zu Ende sein.
> Sowas Großes geht nicht/ einfach so/ vorbei!“

Selbst wenn Journalisten möglicherweise so einen Text verstanden hätten, wäre gar nichts an dem Ritual des weiter bestehenden „Zapfenstreichs“ geändert, das sogar mit einem vollends falschen Pop-Zitat an eine unheilvolle deutsche „Mentalitätsgeschichte“ anknüpfte.

So kennzeichneten Geistes-, Sprach- und Kulturwissenschaftler wie Johan Huizinga, Norbert Elias und Fritz Hermanns die nationale Nutzung von weithin akzeptierten Symbolen zur Stimmungsmache. Politische Mythen, selbst wenn sie völlig überkommen oder deutlich erkennbar verlogen sein sollten, können so „neu“ erzählt oder auch kreiert werden.

Ob mit viel Rauch oder wenig *Deep Purple*. Sogar mit ausgelassener oder nachgeahmter *AC/DC*-Schüleruniform-„Symbolik“.

Denn die „Politik der Rituale“, wie sie der amerikanische Soziologe Murray Edelman 1964 schon beschrieb, habe sich längst von einer „symbolischen Politik“, einer Art Handlungsersatz, zu einer „Politik“ der „Symbole“ radikalisiert – gewissermaßen einem „Politk“-Surrogat aus wild zusam-

mengeklaubten Zitaten, mit entliehenen Sounds und vorgeblichem „Lebensgefühl". Dabei helfen sogar international gültige „Plastikwörter", diagnostizierte 1988 der Sprachwissenschaftler Uwe Pörksen ergänzend.
Die Rituale und Symbole müssen in der Machart nur simpel genug und die Inhalte möglichst von starken „Gefühlen" geprägt sein, die besser eben nicht konkret, sondern interpretationsoffen sein sollten.

An den Gräber auch junger Bundeswehrsoldaten beim „Bendler-Block" geht „Smoke on the Water" gerade noch „durch" – „Hell's Bells" wäre „too much" gewesen.
Vor allem aber müssen Wunschtitel irgendwie Irgendwen mit Irgendwas „unterhalten".
Zu Beginn der Corona-Krise 2020 wurde ein Privat-Video bekannt, das den Fleisch-Produzenten Clemens Tönnies beim ausgelassenen Feiern zeigte, grölend und mitklatschend zu Udo Lindenbergs „Ich mach' mein Ding". Nach Presseberichten über seine Cum-Ex-Betrügerei, Branchenpreisabsprachen, Rassismus-Vorwürfen machte der Industrieschlachter zu jener Zeit gerade neue Schlagzeilen mit 1.500 Infizierten allein in seinem Betrieb in Rheda-Wiedenbrück. Ein „Pop-Star", so ließ er sich anfänglich bei „seinem" Fußballverein „Schalke 04" feiern.
Im Fall des „Zapfenstreichs" war es weniger Symbolismus als geradezu Voodoo: Allein „Smoke on the Water" hatte in den getrübten Augen gestandener Journalisten einen „jungen Mann" aus dem Grafen werden lassen. Tat- und Manneskraft, Zukunft und noch größere „Karriere" stünden erst noch vor dem Oberfranken.

Alltag

Wenn die Annahmen von Kulturwissenschaftlern zum Politik-Ersatz stimmten, was erhellte dann – im Gegensatz dazu – überhaupt noch das ernsthafte Zitieren aus Pop-Songs, das angelegentliche Erinnern an Bandgeschichtchen oder an pop-kulturelle Kontroversen, ob zwischen Musiker oder Milieus?

Weder erklärte es die eigenartigen Windungen wechselnder Stile und Szenen bereits in den Anfangsjahren „der Pop-Kultur", noch bot es einen empirischen Anhalt, dass diese seither in Bundesrepublik lebensprägend überhaupt angekommen sein sollten.

Die Assoziation von Journalisten, das Hören von Rockmusik sei gleichbedeutend mit „Jugendlichkeit" und einem „Bruch" mit Traditionen, beschrieb nicht eine verheimlichte Identität oder gar die Zugehörigkeit zu einer anderen als der Berlin-Mitte-Generation.

Es war eher eine Dissoziation, das verdrängende Bemühen, etwas anders sehen zu wollen als es vor Augen stand und keine Regung zeigte.

Die Textpassagen zu den *Beatles*, Jimi Hendrix, *Deep Purple* oder Frank Zappa verdeutlichten im Kontrast zu todesstarren Ritus des „Zapfenstreichs“, mit welchem problembehafteten Konzept von „Jugend“ es Deutschland im Unterschied zu den Sechziger- und Siebzigerjahren nach der Jahrtausendwende immer noch zu tun hat.

Nach Karl-Theodor zu Guttenberg galt in der deutschen Politik – der veröffentlichten Wahrnehmung von zitierten Parteimitglieder und Journalisten zufolge – erst wieder Philipp Amthor (CDU) als ein „Jungstar“. Who?
Amthor zog mit 27 Jahren gerade erst in den Bundestag ein statt wie die seinerzeitigen Pop-Heroen wie Jim Morrisson, Janis Joplin bis Jimi Hendrix in diesem Alter zu sterben. Gleichwohl fiel in Presseberichten – wie zuvor schon bei Christian Wulff und Karl Theodor zu Guttenberg – die ebenso fachliche wie gängige Beurteilung auf, er habe „Popstar-Qualitäten“. Nur welche? Exzessiver, zumindest alkoholisierter Lebenstil? Zertrümmerte Hotelzimmer als ständige Spur? Groupies, die einen Vaterschaftstest einklagten?
Während des Europawahlkampf 2019 hatte ihn seine Partei vorgeschubst, um in „sozialen Netzwerken“ eine angemessene „Antwort“ auf den „YouTuber“ Rezo und dessen Video-Botschaft „Die Zerstörung der CDU“ vom 18. Mai 2019 zu geben. Die damalige Generalsekretärin und spätere Bundesverteidigungsministerin Annegret Kramp-Karrenbauer (CDU) war darüber (und über die hohen Klickzahlen) nämlich so empört, dass sie sogar laut über eine Reglementierung „des Internets“ nachdachte. Rezos Video habe nichts mit Journalismus zu tun. Es hätte nur gefehlt, dass er in seiner Pop-Botschaft „die CDU“ geziehen hätte, „auch noch verantwortlich“ zu sein „für die sieben Plagen, die es damals in Ägypten gab“.[28]

---

28 „Die Zeit“ fragte, was dies möglicherweise über die Symbol-Nutzer aussage, siehe „Die Plagen der Annegret Kramp-Karrenbauer, in: Zeit-Online vom 23. Mai 2019 (https://www.zeit.de/news/2019-05/23/die-plagen-der-annegret-kramp-karrenbauer-20190523-doc-1gt1mv).

Es konnte ja angehen, dass Annegret Kramp-Karrenbauer genau einen Tag (und etwas über zweitausend Jahre) nach den „Sieben Plagen der Endzeit" geboren wurde und sie dies „damals" so zitierte wie Guttenberg *Deep Purple*. Als „bekennende Katholikin" hatte sie das „C" in der Christunion – auf Teufel komm raus! – zu repräsentieren, auch wenn sie mal mit den „Zehn Plagen der Ägypter" ins Schleudern kam.
Es konnte ja noch keiner wissen, dass die CDU die Demokratie gleich ungeniert weiter „zerstören" würde,[29] indem sie ihrem „Spitzenkandidaten" die ohne Takelage frei flottierterende Verteidigungsministerin Ursula von der Leyen (CDU), die nicht mal zum Europaparlament kandidiert hatte, als künftige, ausgekungelte Präsidentin vor den Bug knallte. Glaubte der junge Rezo noch, man könne durch Wahlen Einfluss auf solche „Politik" der Pöstchen haben?
Aber irgendwie fand selbst der „junge" Philipp keinen bei seiner Altersgruppe verständlichen oder überhaupt ansprechenden Ton, um „auf Rezo" zu „reagieren". Er sah zudem drein wie die Sprech-Handpuppe aus dem W. C. Fields-Film „Bank Dick" (1940), als er in der ZDF-Talkshow „Markus Lanz" verriet, sein absichtsvoll gegenkulturelles Video habe mit den Worten „Hey Rezo, du alter Zerstörer" angehoben. Wenn dies wirklich „seine" Jugend war, musste niemand lange nachdenken, wie er im reiferen Alter aus dem Kragen schauen würde.

Ein Jahr später enttarnte ihn die Bürgerinitiative „Lobby Control" als jemanden, der sich vermutlich auf „Freak out!" ebenso fälschlich wie Paul McCartney und andere berufen hätte, wenn er gewusst hätte, um was es im Großen und Ganzen so geht.

---

29 Übrigens missverstanden die empörten Medien und die CDU, was Rezo mit „Zerstörung" meinte – das Wörtchen „zerstören" bedeutet im gängigen Chat-Gebrubbel schlicht durch „Argumente" zerlegen. Dafür hängte er dreizehn Seiten „Belege" an seinen Post, dass nicht er die „Zerstörung" vorhabe, sondern die CDU sich selbst durch das Ignorieren anderer, nämlich wissenschaftlicher Expertise „zerstöre". Aber wer hört schon auf Texte?

Er verkörperte nämlich die Zeile „You're probably wondering why I'm here" recht eigensinnig im Bundestag: Er hatte einen Vertrag mit der vorgeblichen Technologiefirma „Augustus Intelligence", deren Vorstandsabteilung für „General Affairs" der Graf zu Guttenberg vorstand und deren Sitz in New York gleich neben zu Guttenbergs Beratungs- und Investmentfirma „Spitzberg Partners" lag. Ein Bundestagsabgeordneter als „Pop-Star"?
So einer musste jedenfalls gut grinsen können, bei all seinen Heimlichkeiten, wenn er einem Rezo entgegnen sollte, der öffentlich per „YouTube"-Kanal mit Millionen kommunizierte. Die panische Idee war, dass der blau gefärbte Meanie Rezo anscheinend versuchte, den Parteien „Street Credibilty" zu nehmen, von ihnen „Glaubwürdigkeit" genannt. Für sie war es die Haupteinnahme-Quelle, die selbst bei bei sprudelnder Ignoranz noch halbwegs „Legitimation" begründen half.
Der Graf selber riet zu jener Zeit der Parteifreundin Angela Merkel (CDU) sich als Bundeskanzlerin für das „erfolgreiche" deutsche DAX-Unternehmen „Wire Card" bei einem Chinabesuch zu verwenden, einer Menschenrechte verletzenden Diktatur immerhin. Ein Tipp von einem „Freund", der immer noch von Hause aus für Seriosität und Demokratie stand, auch wenn oder gerade weil er mal „Smoke on the Water" auf seiner Wunschliste „authentisch" und glaubwürdigst präsentierte.
Es war wohl ein wenig wie mit seiner Doktorarbeit. Und daher an der Zeit für ihn, für sein das von ihm per *Purple* angekündigte Comeback, für Erfolg und eine Politik, einen neuen Streich zu inszenieren.

Vielleicht hätte neuerlich ein Selfie geholfen? Am besten vor dem Bundestag und nicht dem „Bendlerblock". Da aber nur „symbolisch" weit im Hintergrund, weil er, der Heimkehrer aus Oberfranken, ihn hinter sich gelassen hatte. Um die Aktualität und Authentizität eines „Pop-Stars der Politik" besser zu belegen als beispielsweise die Bilanzen von

„Wire Card“, könnten an der Seite ein paar Auschwitz- und Corona-Leugner auf die Stufen des „Reichstag“ stürmen, der 2020 noch nicht wieder abgefackelt wurde.
Was hatte der Pop-Künstler Christo damit bloß verhüllt, dass es danach fortan nicht mehr sichtbar war, sondern ein beliebig besetzbares „Symbol“ blieb?
Neben zu Guttenberg stünde auf dem Selbstbild a la „Sgt. Pepper“ natürlich wieder nicht Frank Zappa, sondern lieber Friedrich Merz, am besten mit einem Bierdeckel voller politischer Visionen.
Deep Purple könnten für das Gruppenfoto bei Madame Tussaud ausgeliehen und abgestaubt werden, auch eine wächserne Ursula von der Leyen mit etwas übertoupierter Trump-Perücke sowie ein skelettierter Ochse mit Wacken-Gehörn.
Im Rahmen einer gesetzlichen „Deutsch“-Quote müsste eine Abordnung des „deutschen“ Rockmusikerverbandes aus Lüneburg das Geschehen kränzen, in deren Mitte Xavier Naidoo, Heinz-Rudolf Kunze und H. P. Baxxter (der ohn‘ Unterlass „Weiter, weiter!“ grölen müsste, mit einem Stirnband vor den Augen, das als Banderole für das schleswig-holsteinische Online-Kasino „Hyperino“ wirbt, welches womöglich nicht im Silicon Valley, sondern mit Servern romantisch am Plöner See unter Marmeladenhimmel gelegen sein könnte).
Am Bildrand stünde ein echter Wilder, Philipp Amthor, und trüge ein T-Shirt „Welcome the Rezo“.
Das wäre mal eine Parabel nahe an der so oft verbrämten „Pop-Geschichte“! Alles Kunze, oder was:

> „Ich möchte gar nichts andres ausprobieren.
> Wir sind wie alle andern,/ denn wir möchten heim.“

Übrigens haben Leser diesen Text als unterschwellige Medienkritik an einigen Leitartiklern und TV-Kommentatoren oder als austeilende Politik-Analyse zur vielbeschworenen „Leitkultur“ und zu Deutschland missverstanden, wenn sie glaubten, es ginge darin zunächst vordergründig um Karl-Theodor zu Guttenberg und *Deep Purple* – oder sogar hintergründig um Belege und Schlussfolgerungen.

Beispielsweise zum Spannungsverhältnis zwischen „symbolischer Politik“ und ebenso geheimnisvoll etikettierter „Pop-Kultur“.

Ebenso irrten sie wie jene Leser, die seinerzeit glaubten, in den Presse-Berichten über „Smoke on the Water“ beim „Großen Zapfenstreich“ drehte es sich um „Hard Rock“ oder bloß um Verteidigungsminister*innen.

Nichts von alledem wurde hier methodisch hinreichend verfolgt, ebenso wenig wie von den zitierten Akteuren. Eine halbwegs wissenschaftliche Betrachtung hätte phänomenologisch ein Dickicht an Selbst- und Lebenslügen zu durchdringen, in dem sich „deutsche“ Politik seit jeher versteckt.

Es ist mit dem Aufkommen der „Pop-Kultur“ nicht besser geworden, im Gegenteil. Was gab es da nicht alles an Mythen, die nicht nur so lächerlich sind wie beispielsweise die Zuschreibung, dass zu Guttenberg zwar kein Ritter mehr, aber ein Rocker sein könnte.

Es ist vielmehr zunächst ein Manuskript entstanden über eine fatale Verwechslung, formal und inhaltlich.

Dabei ging es keineswegs darum, ob zu Guttenberg oder Journalisten irgendetwas über „Pop-Geschichte“ wussten, was zu dem Geschehen in Genf oder Berlin auch nur in Splittern passte. Auch *Deep Purple* überblickten ja möglicherweise nicht, worum es – über ihre Perspektive vom Seeufer hinaus – ging, als sie „Smoke on the Water“ schrieben. Vielleicht war es ganz bewusst zu „deutsch“, anzunehmen, Pop-Musiker oder deren Fans würden wissen, worum es bei ihrer Musik und in den beliebten Songs geht. Wenn es Kritiker oder Mitarbeiter der „Deutschen Presse-Agentur“ doch sowieso besser wissen, sozusagen deren „alternatives Fan-Tum“. Vielmehr wurde beim „Zapfenstreich“ allerdings der Eindruck vermittelt, „Pop“ sei bereits Teil deutscher Politik, zumal deren angeborenes „Lebensgefühl“, zumindest bei „den Jüngeren“.

Solcherlei unhaltbare, biologistische Annahme ist allerdings im deutschen Journalismus inzwischen nicht unüblich, nicht nur bei „den Älteren“.

Zumal in einer vermeintlich jugendlichen „Generation" von altbackenen Medienmitarbeitern, die einen Textfälscher wie Tom Kummer erst zu einem Top-, dann kurzerhand zu einem „Pop-Journalisten" ernannten und ihn mit Preisen zum Ritter ihrer Tafelrunde schlugen.
Darum folgen abschließend nicht noch einmal Pop-Musik-Zitate.
Nur angedeutet werden – statt mit nachgestellten Selfies – noch zwei Schnappschüsse von kaum bemerkten Anfängen einer neueren Entwicklung.
Sie schrieben – umgekehrt als im Beispiel „Zapfenstreich" – eine vereinnahmte „Pop-Kultur" (kaum bemerkt) gar zu einem Element „der Politik" um, beziehungsweise setzten sie mehr oder weniger unverblümt an deren leere Stelle. Gerade so unauffällig vereinnahmend wie den Paul oder den Mick, jenen symbolischen Vertretern einer „Gegen-Kultur", die den Ritterschlag bekamen...
Und leider ganz so, wie es Edelman, Elias, Hermanns und Huizinga in anderen Zusammenhängen vorhergesehen hatten. Mit einem wichtigen Unterschied, den ein Politologe mit Schwerpunkt Parlamentarismus anmerken muss: Vor der Vereinnahmung „der Pop-Kultur" stand zunächst die Vereinnahmung des Parlamentarismus durch Formalisten, die in Wahlen nicht begrenzte Legitimation auf Zeit sahen, sondern Ermächtigung für eine jeweilige, manchmal wechselnde Mehrheit im Parlament, aber nie in der Bevölkerung.
Das seltene Aufflackern des Gefühls, gar nicht möglichst für alle und schon gar nicht für eine ferne Zukunft entscheiden zu dürfen, verführte erst zu dem Versuch, sich in populäre Klänge zu kleiden, die Aura suggerierten.

Dies nun nur kurz als eine weitere Vorgeschichte, wiederum eine der Fälscherei und falscher Zitate: Jahrelang hatte Tom Kummer unter anderem für die „Süddeutsche Zeitung" sich Statements ausgedacht und zu wahrlich unglaublichen „Star"-Porträts montiert. Sie wurden in Deutschland ernstlich geglaubt und auflagenstark verbreitet.

Sein verantwortlicher Redakteur in München, Ulf Poschardt, musste trotz dieses Erfolges – wie der mit seiner Promotion ertappte zu Guttenberg – zwar „gehen“. Konsequent für einen Konzern, der zunächst mit nur einem notorischen „Lügenblatt“ zu Europas größtem Medienhaus wurde, machte ihn der Axel-Springer-Verlag in Berlin bald zum Chefredakteur der konservativen Tageszeitung „Die Welt“, jener „Bild“-Zeitung für ewige Abiturienten.

Ulf Poschardt hat übrigens über „DJ Culture“ 1995 an der Humboldt-Universität zu Berlin promoviert. Er kennt Mouse und Mann.

In der Hauptstadt beäugte er später fachmännisch beispielsweise die kurzzeitige „First Lady“ Bettina Wulff, allerdings weniger mit den hier aufgetauchten Fragen nach dem „politischen“ und dem „persönlichen“ als vielmehr vermeintlich pop-kritisch:

> „Doch in der Stil- und Modegeschichte gab es mit Anbeginn der Popkultur und der damit assoziierten Jugendkulturen eine zweite Karriere des Tattoos. Dabei wurde aus dem Tattoo ein Symbol der Verweigerung und der Dissidenz, das abseits aller Klassenschranken getragen wurde. Coole Unternehmersöhne ließen sich ebenso entstellen wie sexy junge Adlige. Es war eine augenfällige und provokante Form, Individualität und Unangepasstheit zu kommunizieren.“[30]

Nur sähe sie unpassend damit aus.

Auch ihr Gatte wurde, noch als amtierender, noch nicht niedergeschriebener, Bundespräsident von Pop-Kundler Poschardt streng, aber wenig demokratisch abgekanzelt:

> „Der beliebteste Bundespräsident war Richard von Weizsäcker. Er entstammte einem pfälzisch-württembergischen Adelsgeschlecht, das seit dem 19. Jahrhundert eine gesellschaftlich und kulturell exponierte Stellung einnahm. Erzogen im Wissen um die eigene Privilegiertheit, wurden die Zöglinge dieser Familie früh auf ihre mögliche Verantwortung für das Land vorbereitet.

---

30 Vgl. Ulf Poschardt: Haut nicht mehr hin, in: „Welt am Sonntag“ vom 22. August2004 (https://www.welt.de/print-wams/article114559/Haut-nicht-mehr-hin.html)

Diese Art sozialer Entspanntheit, nicht nach oben zu müssen, weil man von dort kommt, machte die Deutschen besonders stolz auf ein Staatsoberhaupt, dessen natürliche Autorität es über den Niederungen der Parteipolitik thronen ließ."[31]

Sowas rockte! Welch ein Schlag auf die Snare: „thronen" lassen, das hatte Sound – zumal über den „Niederungen".

Christian Wulff (CDU) war da schon mit dem Barden Heinz-Rudolf Kunze befreundet,[32] was dem zu dessen Glück nicht auch noch von den Neo-Royalisten angelastet wurde.

Inzwischen hat Ulf Poschardt in der Leitung der „Welt"-Gruppe auch die früheren Popmusik-Zeitschriften „Musikexpress", „Rolling Stone" und andere mit seiner supernatürlichen Autorität „unter sich". Er verscherbelte, ohne die Autoren gefragt zu haben, online ein „Archiv" zu „40 Jahren Musik-Geschichte", so die Eigenwerbung, mit dem beziehungsreichen Namen „Rewind".

Die Dinge zurückdrehen? Der Schnelldurchlauf nach ganz hinten, im ständigen Rewind? Wiederaufstieg?

Oder: „back to the garden"?

---

31 Vgl. Poschardt, Ulf: Meinung: Verwundbarer Präsident – Der Parvenü Christian Wulff verdient unser Mitleid, in: „Welt"-online vom 05. Januar 2012 http://www.welt.de/kultur/article13798390/Der-Parvenue-Christian-Wulff-verdient-unser-Mitleid.html

32 Nicht, dass Freundschaft an dieser Stelle in Frage gestellt werden soll. „I get by with a little help from my friends", sang Ringo Starr durchaus glaubwürdig. Es gehört zur „Straße" und somit einst zum Bezugsrahmen des Pop.

Aber wer Pop-Musik nicht versteht, weil er wie in der Politik den sozialen Ursprung nicht sehen möchte oder dies angeekelt als zu demokratisch empfindet, der meint mit Freund- in der Regel Seilschaft oder Referenz. Christian Wulff beispielsweise glaubte als Bundespräsident, der seinerzeitige Chefredakteur der „Bild"-Zeitung sei sein „Freund". Angela Merkel dachte dies von Karl-Theodor. Aber wenn etwas „out of tune" gerät, ist es damit schnell vorbei.

Und das Gedränge auf dem Beatles-Sleeve zu „Sgt. Pepper" zeigte nicht „Freunde", sondern vor allem deren Verlassensein.

Am Ende des nieseligen Abends vor dem „Bendlerblock" zeigten die von berichtenden Journalisten ausgelassenen (und vor allem die aus Pop-Songs nachgetragenen) „Erinnerungen" an in Deutschland kaum wahrgenommene Dialogversuche und Kontroversen zwischen längst abwesenden Pop-Musikern, dass es nicht um die Frage ging, ob zu Guttenberg sein erzwungenes „Good-Bye" mit einem verdrucksten „I say Hello" beantwortete.

Der Verteidigungsminister zu Guttenberg war so schnell vergessen wie seine Vorgänger und Nachfolger – aber der „Zapfenstreich" blieb ihm als Image erhalten.

Entscheidender daran war der kaum mehr offen ausgetragene Konflikt zwischen Konservativismus und Pop, zwischen populär, populistisch und demokratisch, zwischen herrschenden und abgehängten oder schon Geburt an ausgeplünderten Generationen für jene „Zukunft" sein, die nicht direkt vollends zurück will in die ständige Starre, jene antidemokratische Refeudalisierung, in welcher die Herkunft über eine rational zu gestaltende „Zukunft" gesetzt wird.[33]

Diese These wurde am Beispiel des „Zapfenstreichs" mit „Hard Rock" lediglich so illustriert, als könne Scherenschnitt das Streaming ersetzen.

Nach zu Guttenbergs Auftritt wurden hierfür ein paar Artikel aus Zeitungen ausgeschnitten, ein paar Fernsehbilder bunter ausgemalt als ihre verschwommene Aufnahme war. Mithilfe der Pseudo-Enzyklopädie „Wikipedia", die viele Journalisten

---

33 Die Spielfilm-Serie „Back to the Future" bot dem damals vierzehnjährigen zu Guttenberg ein unterhaltsames Erklärungsmuster für „Zukunft" und „Pop-Kultur": Der typische weiße US-Mittelschichtsteenager Marty McFly reist mit einem DeLorean-Sportwagen und dank der von libyschen Terroristen Plutonium-Energie zurück in die Fünfzigerjahre. Er lernt, dass er nichts in der Vergangenheit ändern darf, wenn er „seine" Zukunft nicht aufs Spiel setzen will. Er bekommt bei seiner Rückkehr ins Jahr 1985 einen Monster-Jeep zur Belohnung, weil er Kleinigkeiten beiläufig beeinflusste: Sein Vater wurde durch seine Einflüsterung zum erfolgreichen, aber dümmlichen Science-Fiction-Autor. Marty selbst brachte als Möchtegern-Gitarrist seiner High-School-Combo indirekt Chuck Berry seinen neuen „Sound" bei, der späterhin erst seine prahlerischen Auftritte vor indignierten Lehrern und Kumpels ermöglichte. Er formte also mit wenigen Ziitaten eine „Zukunft" so, wie er sie haben wollte...

inzwischen statt Recherche nutzen, wurden einige vermeintlich wichtige Details dürftig ergänzt.[34]
Das ist eben keine empirische Arbeit, noch weniger eine Doktorarbeit in Bayreuth.
Wie auch?
Es ging überwiegend oberflächlich zu.
Die hilfsweise Sichtung von Selfies beispielsweise entblößte vergleichend allenfalls fünf deklinierende Eindrücke zu vermeintlicher „Authentizität“, dreister Inszenierung, gefühlsloser Erstarrung, „persönlichen“ und „politischen“ Wunschbildern aus den Wäldern und Feldern um Woodstock sowie Wacken.

Es ist auch kein „Pop-Journalismus“, sondern handwerklich unsauber, genau eben so wie die hier zitierten Berichte von jenem gespenstischen Anlass mit dem ulkigen Namen: „Zapfenstreich“.
Die Länge dieses Beitrages ist gegenüber 3:54 min Single-Dauer von „Smoke on the Water“ gewiss unangemessen.
Aber wenigstens ein Mal nach fünfzig Jahren musste – gewissermaßen reziprok und mit dem Rücken zum „Bild“ – auf die Ungeheuerlichkeit geantwortet werden, dass ganze Generationen deutscher Politiker in Ost und West gar nichts mit Pop-Musik anfangen konnten, aber sie heute einseitig benutzen wie Toilettenpapier, mit eigens aufgedruckten Lebensweisheiten sowie hingeschlurten „Parabeln“ bis hin zur General-Sekretärin mit ihrer „Plagen“-Klagen.

34 Mark Terkessidis machte sich in einer Antwort auf Ulf Poschardt so Luft: „Aber mittlerweile wimmelt es nur so von Texten, die aus aufgesammeltem Halbwissen, Google-Recherchen, verallgemeinerten Beobachtungen aus der eigenen näheren Umgebung, Ressentiments und dem unbedingten Willen zur Meinung bestehen. Diese Texte funktionieren ebenso wie verschiedene Varianten von Popmusik, die versuchen, dem Hörer eine Stimmung aufzudrängen: Vgl. Mark Terkessidis: Ich will nicht reden müssen, in: „die tageszeitung“ vom 8. Oktober 2005, S. 21 (https://taz.de/!534883/)

Diese nachträgliche kulturelle Enteignung von „Generationen“[35] aus über fünf Dekaden, die nur „ihre“ Musik hören wollten und dafür zuerst als „Langhaarige“, „Gammler“, „Hippies“ und „Hottentotten-Musik“-Hörer verspottet und ausgegrenzt wurden, sprach nicht für die „Kultur“ dieser Nation, sondern gegen sie. Auch wenn sich Jugendliche ab den Siebzigerjahren offenbar zu wenig und zu wenig ernst „zu Wort gemeldet“ hatten.

Zumal jene „Jugend“ mit ihren seinerzeitigen Hymne wie „Born to be wild“ dann späterhin obendrein als „Symbol“ für „Freiheit“ oder für günstige Smartphone-Flatrates herhielt der Anklagen wie „21. Century Schizoid Man“ als Duftnote für Parfüm einsetzte.

Es war derselbe religiöse Glaube,[36] der Manneskraft aus Elfenbein-Stoßzähnen oder Unwiderstehlichkeit aus Shampoos zieht.

Diese Transformation war allerdings kein bloßes Zitieren einer „Sub-Kultur“, die nicht verstanden oder allenfalls als „Gegen-Kultur“ dämonisiert wurde.

Auch waren es nicht ein bloße Marketing-Überlegung, dass nun plötzlich pop-ferne Menschen von einem „jungen“ Minister gesagt bekamen „Hör zu“.

---

35 In der satirischen, angeblichen BBC-Dokumentation „All you need is cash“ vom 22. März 1978 wiesen Eric Idle und Neil Innes, Mitglieder des legendären „Monty Python Flying Circus“ durch Interviews von Zeitzeugen demgegenüber nach, dass der Blues erst durch eine Tour der britischen Beatband „The Rutles“ nach New Orleans geriet. Der herruntergekommene US-Eisenbahnarbeiter „Blind Lemon Pye“ (Jerome Grenn) erzählte „on the banks of the bayou“, dass ihm die berühmten Vier aus Liverpool die ersten Gitarrentöne beigebracht hätten und er gleich seinen miesen Job an den Nagel hängte, um selbst eine Musikerkarriere einzuschlagen („An' I been starvin' ever since“).

36 Der „Erste Parlamentarische Geschäftsführer der CDU/CSU-Fraktion im Deutschen Bundestag“, Michael Grosse-Brömer, meinte als jemand, der in den Siebzigerjahren aufgewachsen war, die „Fridays for Future“ als „Glaubensbewegung“ abkanzeln zu müssen – ein Jahr nach dem Rezo-Schock. Es sei unrealistisch, was da so gefordert werde. Dass seine „Christ“-Demokraten ganz realistisch über Jahrzehnte alles ignorierten, wovor Wissenschaftler gewarnt hatten, war ihm anscheinend nicht bekannt.

Sso wie es die biedere Publikumszeitschrift mit der Unterstützung von „Deep Purple in Rock“ einst versucht hatte.[37] Es war, wie das Beispiel des „Zapfenstreichs“ zeigte, ein Einbruch aus seelischer Armut und unter anteilnehmenden und medial „dokumentierenden“ Zeugen.[38]
Der „Bruch“ mit was auch immer war ihnen gegenüber nur vorgetäuscht, während sie draußen tapfer Schmiere standen in dem Possenstück ohne es überhaupt nur zu bemerken.
Denn die Enteignung ist weit gravierender als die skizzierten Geschmacksfragen oder Zeremonien – sie ist lediglich die Oberfläche einer fortschreitenden Aushöhlung demokratischen Miteinanders durch Minderheiten, die sich als Mehrheiten stilisieren.
Nicht Märsche und „Ehren“-Zinnober sind für die Zukunft ein Problem, sondern die Ballermannisierung der Bundesrepublik, die die Minderheiten des Pop- und Jugend-Kulturen längst verschluckt und wieder ausgespuckt hat.

Der somit entstandene Text wirkt im schlimmsten Fall wie eine tragical history „Tour“, im besten wie ein Kaleidoskop. Es ordnet nach kräftigem Schütteln Splitter scheinbar selbständig wieder – nicht nach vorgegebenen, sondern zu immer „neuen“ Passungen.
So als würde man nun erst recht an den Genfer See reisen, und Frank Zappa, Jimi Hendrix, die *Beatles* und die *Stones* und selbstverständlich *Deep Purple* auf einem „iPod“ oder per „iPhone“ mitnehmen.
So als käme die Selfie-Sammlung in der Cloud an ein Ende.
Selfies essen Seelen auf.

---

37 Die Zeitschrift „Hör zu“ zerbrach nicht daran, dass sie sich schon im Titel an Radio-Hörer wandte, während das Fernsehen aufkam – die Herausgeber unterschätzten, dass ausgerechnet die umworbene „Jugend“ die Zeitschrift lange Zeit in Familien begehrt machte, weil das Geld nicht für teure Langspielplatten reichte, aber mit dem minutengenauen Radioprogramm Tage im Voraus Tonbandaufnahmen einzelner Musiktitel exakt geplant werden konnten. Im Axel-Springer-Verlag waren die sozialen und emotionalen Bedingungen von Jugendlichen offenbar unbekannt.

38 Es nimmt den Vorgeschobenen das Gesicht. Sie werden wie in „Gorky Park“ enthäutet.

Jenes Format, das wie mp3 jede Musik stattdessen nun auch Seelen komprimiert – in einen kleinen Bild-Rahmen, manchmal kompromittiert es versehentlich etwas hinter dem eigenen Rücken. So als gäbe es das einsame, enthemmte „Streamen" von Pop-Musik nicht, das die Erinnerung an das „live" Erleben zusammen mit Anderen – Download für Download – auslöscht. Man müsste zu Genf nicht über zu Guttenberg und das „deutsche" an seiner Inszenierung oder die versessenen Deutungen einiger eifriger Journalisten reden, sondern einmal die vernachlässigten „Quellen" ernst nehmen und über die existenziellen Zusammenhänge von Live-Auftritten und Demokratie, von „populär" und „populistisch" rückblickend nachdenken – von Abbildern und Vorbildern. Das müsste bei gutem Blick, ohne Rauch, als Neuanfang möglich sein. Vielleicht könnten dann sogar „Pop-Geschichte" geschrieben werden.[39] Allerdings passt sie in kein Buch,[40] sondern besteht aus ungesammelten Geschichtchen, die sich kurios zu einem Kosmos formen,[41] voller Wünsche und Träume, Visionen und Forderungen, vor allem mit Rhythmus, der manchmal den Herzschlag ersetzt. Und sie lebt nur von denen, die mit ihr noch leben statt sie schon zu streamen.

39 Ansatzweise gelang die sozialwissenschaftliche Sichtung von Klaus Kuhnke, Manfred Miller, Peter Schulze: Geschichte der Pop-Musik, Bremen 1979, die freilich nur die Entwicklung bis 1947 nachzeichnete.

40 Die methodischen Schwierigkeiten, umgedreht „Geschichte" in Pop-Formate abzubilden, wurde beispielsweise in der Aufsatzsammlungvon Barbara Korte, Sylvia Paletschek (Hg.) umrissen : History goes Pop. Zur Repräsentation von Geschichte in populären Medien und Genres, Bielefeld 2009.

41 Mitunter waren bereits einige Kapitel konturiert, allerdings nicht in historisierenden materialreichen, sondern mit karikierenden, aber fein beobachteten Fiction-Verdichtungen, allerdings sehr wenig in Deutschland: So beispielsweise 1984 das „Portrait" einer miesen Hardrocktruppe „Spinal Tap", oder 1998 in der Tragi-Komödie um die Kapelle *Strange Fruit* in „Still crazy", beide mit deutlichen Referenzen zu *Deep Purple*. In Deutschland formulierte 2012 mit üblichem Comedy-Quatsch den Anspruch „Der Film *Fraktus* – Das letzte Kapitel der Musikgeschichte" zu schreiben, doch die vorgebliche Mockumentary des dauernden „Nordish-by-Nature"-Witzlers Lars Jessen war tragisch wie die fiktive Techno-Parodie ohnehin schon.

Denn die Bilder, um die es in einigen der zitierten Songs und Streits ging, sind mehr als nur schlichte Texte, die in Deutschland ohnehin wenige verstehen: Sie waren immer ein Gesprächsangebot, auch wenn vieles nicht gesagt wurde in der knappen Form eines Songs. Sie zeigten Visionen und Perspektiven, selbst wenn es euphorisierte oder ängstliche Wahrnehmung gewesen sein sollten.
Wer sollte denn noch über solch grundlegende, gesellschaftliche Fragen wie „Frieden", „Freiheit", Sex und Liebe in immer noch spießigeren Zeiten und bürgerlicher „Mitte"-Gesellschaft künftig „reden"? Kinder, die am Freitag für ein paar Stunden „streikten" wie einst Grubenkumpels im Ruhrpott?

„When we grew up/ and went to school/
there were certain teachers/ who would/
hurt the children/ any way they could
by pouring their derision/ upon anything we did.
Exposing every weakness/However carefully hidden by the kids
but in the town it was well known.
When they got home at night,/ their fat and psychopathic wives
would thrash them/ within inches of their lives.
We don't need no education/ We don't need no thought control.
No dark sarcasm in the classroom!
Teacher,/ leave them kids alone!"

Bloß, weil ihnen Männer wie zu Guttenberg, die „Jugend" mit *Deep Purple* verwechselten und Kriegscamps mit Bierzelten, ihnen keine Zukunft hinterlassen werden?
Aber dafür ihre Klone, die eine „Ausländer-Maut", ein „Gute-Kita-Gesetz" oder eine „Bazooka" gegen die wirtschaftlichen Folgen einer Pandemie „mit Wumms" zur „persönlichen" Perspektive ihres wörtlichen Fremdverschuldens machen?
Jene sich ohne Lust und Liebe vermehrerenden „Kack die Wand an"-Politiker.[42]

42 Falls sich so gar kein ernst-klingender Posten mehr finden ließ, wurde beispielsweise jemand mit „Frauengedöns" (Kanzler Gerhard Schröder, SPD) beauftragt oder als Sigmar Gabriel (SPD) als „Pop-Beauftragter" der Bundesregierung".

Diese „Signal"-Wörter waren die armseligsten aller sprachlichen Selfies und Instant-Symbolismen kurz bevor Medien 2020 des Datums halber an die „goldenen Zwanziger" des vorherigen Jahrhunderts anknüpften, jene vermeintlich „goldene Ära" des Charleston und des Swing – an deren Ende wieder ein Weltkrieg um noch mehr Fliegenschiss geführt wurde. Ein Dekadenbeginn, zu dem deutsche Jugendliche, die weder Marx noch Gewerkschaft oder einen Arbeitsplatz kennen, von „Klimastreik" faselten.
So als würde ihre „Generation" voller New-York-Shopper, der Ballermann-Jetter, Serverpark-Nutzer, Auslandsjahr-Ausruher, nicht die Erderwärmung von Menschen mitverursachen, sondern mit bräsigen Gesten und einer Tüte voll Forderungen an „die Alten". Fürchtete das Klima solche „Streiks" – oder gar Eltern? War das wieder das Reden über vermeintlich grundverschiedene oder gar eine gegensätzliche, „ökologische" Generation?

Reden? „Reden" und „Rock"? Oder „Pop und Politik", wie eine NDR-Hörfunkreihe zu der Jugendzeit zu Guttenbergs noch hieß? Er konnte sie in Bayern wohl ebenso wenig empfangen wie AfN oder BFBS oder BBC.
Ein Dialog? Passte das denn zu „Pop-Musik"?
Passte denn „Smoke on the Water" zu zu Guttenberg? Und welchen „Generationen"-Dialog hatten deutsche Medien fünf Jahrzehnte nach der „Pop-Revolution" da eröffnet? Den der Ewig-Gestern- mit der Oldies-but-Goodies-Jugend?
Es war immer noch besser an den Sternenstaub zu glauben, der wir alle im All seien, als an das Schweigen, an dem ganze „Generationen" erstickt waren.

Seit kurzem verklären deutsche Möchtegern-„Songwriter" wie Max Giesinger mehr als sie in ihren Liedlein aussagen – sogar ohne einen Look, ohne Posing und Provokationen, aber mehr mit „Gänsehaut" und total krassen „Emotionen". Sie passen in die Zeit, fünf Jahrzehnten nach dem Aufbruch in eine andere Zukunft.

Sie werden ewig solche „Jungen" wie Philipp Amthor bleiben, die rennen ohne je anzukommen. Wo auch, wenn sie sich ständig um sich selber drehen?
Manche Songtexte, die hier weiter oben beispielhaft zitiert wurden, überstehen demgegenüber selbst solche Anlässe wie den geschilderten „Zapfenstreich" und andere Pop-Tragödien.
Manche sogar ohne eigenes Zutun oder eine eigene Meinung. Aber mit dem Wissen, dass die Suche gerade erst begonnen hat. Und sei es auch vor vierzig oder fünfzig Jahren:

"When it all was over/
We had to find/ another place.
But Swiss time/ was running out/
It seemed/ that we would lose the race.
Smoke on the Water, fire in the sky./
Smoke on the Water!
We ended up/ at the Grand Hotel,
it was empty..."

Rainer Jogschies
ist Journalist und Politologe.

Ab Beginn der Siebzigerjahre erlebte der damals Sechzehnjährige das Entstehen einer „deutschen“ Popkultur.

Der Autor initiierte und leitete die *Pop-Dekadentagungen* von 1979 bis 2019. Eine kurze Geschichte dieser Diskurs-Reihe findet sich unter https://www.pop-dekadentagung.info.

Nach fünf Dekaden mit kuriosen „Generationen“-Zuordnungen, in denen er deren Entwicklung mit bilanzierenden Tagungen und unterschiedlichsten Perspektiven begleitete, sieht er mit 66 Jahren nicht so sehr die Professionalisierung der Szenen oder die Normalisierung von der „Subkultur“ zum „Mainstream“ als abgeschlossen an, sondern die früh diagnostizierte „Gegenkultur“ gerade erst in ihren Anfängen. Seine Hommage an bekanntere und unbekannte Zeitgenossen ist ausführlich erzählt in Rainer Jogschies: Waren wir die „Gegenkultur“ - oder gegen Kultur? Erinnerung an eine vergangene Zukunft, Harburg, Joachim und Horst, Hamburg 2021, ISBN: 978-3-937550-32-9).

Die *Fünfte Pop-Dekadentagung* im September 2019 in Hamburg beschäftigte sich mit einer denkbaren „Musealisierung“ der deutschen Pop-Musik. Eine Dokumentation von und zu der Fachtagung enthalt Beiträge von Detlef Diederichsen, Diedrich Diederichsen, Thomas Hecke, Christoph Jacke, Gabriele Rohmann, Günter Zint u. v. a. m.: Rainer Jogschies (Hg.): Gehört deutsche Pop-Musik ins Museum? (Hamburg 2021, ISBN: 978-3-937550-29-9).

Dies Buch ist der zweite Band der Reihe *Kleine Krautologie*, die sich ausgerechnet mit Pop-Musik und Deutschland befasst. Es sind Wegbeschreibungen, mehr nicht, aber auch nicht weniger.

Anmerkung des Autors:

Die Arbeit an diesem Text begann 2011, gleich nach der „Verabschiedung" des Verteidigungsministers zu Guttenberg.
Allerdings war er zunächst in einer weit kürzeren Fassung für die Zeitschrift „kunst & kultur" als Essay vorgesehen.
Auslöser war ein Vortrag auf der Vierten Pop-Dekadentagung 2009 in Mannheim gewesen, in dem ein starker Einfluss der Pop-Szene „auf die Politik" behauptet worden war (bis hin zu einer angeblichen „Leitkultur Pop"). Dem sollte entschieden widersprochen werden – doch es gab aus redaktioneller Sicht vor der Veröffentlichung noch Wichtigeres.
Zwei Jahre später wurde die bereits abgefasste Erwiderung auf die Leitkultur-Thesen für die „Kulturpolitischen Mitteilungen" erweitert.
Auch dieser Text erschien nicht, obwohl abgesprochen – aus Platzgründen, wegen Aktuellerem.
2015, mittig zu den Pop-Dekadentagungen, klang erstmals veröffentlicht in dem Beitrag „Nein und Ja. Aber – Anmerkungen zum 60. Kulturpolitischen Kolloquium" die Kritik an der – auf der Tagung der *Evangelischen Akademie Loccum* wiederholten – These desselben Referenten an, die „Gegen-Kultur" sei inzwischen im „politischen" Mainstream angelangt (in: Kulturpolitische Mitteilungen, Nr. 148,1/2015, S. 26-28).
Für dieses Buch wurden die beiden erwähnten unveröffentlichten Texte kombiniert und nochmals „aktualisiert" bzw. vertieft.
Aus Anlass des zehnten Jahrestages des „Zapfenstreiches" für Graf zu Guttenberg, dessen Name 2021 wiederholt in der Tagespresse auftauchte, erschien dieser Essay.
Er ist eine Momentaufnahme.

Rainer Jogschies, Berlin 11. März 2021

Kleine Krautologie, 2

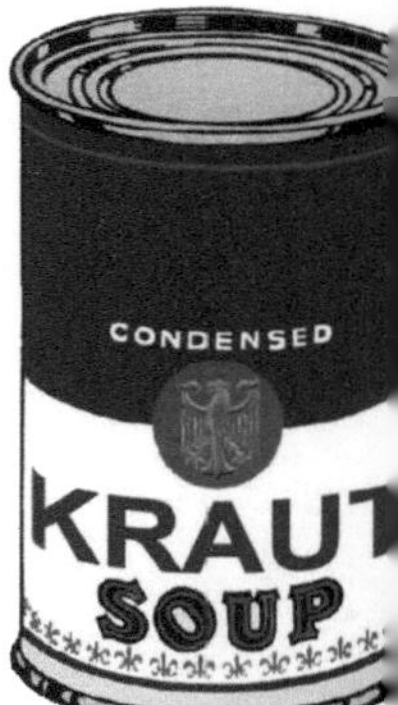